# 7つの習慣 ティーンズ ワークブック



ショーン・コヴィー 著
フランクリン・コヴィー・ジャパン 訳

THE SEVEN HABITS OF HIGHLY EFFECTIVE TEENS
PERSONAL WORKBOOK

キングベアー出版

# 目次

## 第 3 の習慣　一番大切なことを優先する　する力としない力　88



## 人間関係信頼口座　人生を形作る材料　108



## 第 4 の習慣　Win-Win を考える　人生は食べ放題のレストラン　121

# ようこそ！

あなたはこう思っているかもしれませんね。「このワークブックを最後までやりきるなんてムリ！ 学校の宿題だけでアップアップなのに！」
そう思ってしまうのも無理はありません。責めるつもりもないので安心してください。僕も 10 代の頃はそんな感じだったから。
ここで自己紹介をしようと思います。僕はショーン・コヴィー、『7つの習慣 ティーンズ　リニューアル版』(キングベアー出版)、そしてこのワークブックの著者です。もちろん僕の 10 代は終わってしまったけれども、どういうものだったかは今でもよく覚えています。気分の浮き沈みが激しくて、まるでジェットコースターに乗っているかのようでした。振り返ってみれば、よく生き延びたと思います。
しかし、そういう時期を経験してきた僕も認めざるをえません――今のティーンエージャーの生活は、僕らの頃よりもずっと厳しい、と。ティーンエージの時代はもはや遊び場ではなくなりました。一歩外に出ればジャングルのようです。最近、大勢のティーンエージャーと話す機会があって、「きみたちが抱えている一番の問題は？」と質問しました。返ってきた答えを紹介しましょう。

「学校の成績を上げること」
「親とうまくやること」
「自分に自信を持つこと」
「友だち関係」
「異性とのつきあい」
「飲酒、喫煙、ドラッグに対して正しい選択をすること」

ほかにもたくさんの答えがあったけれども、まとめればおおよそこれらの答えだったと思います。僕が『7つの習慣 ティーンズ　リニューアル版』とこのワークブックを書いたのはそのためなのです。これらの問題にきちんと向き合って、ジャングルのなかを生きていけるように、きみたちの力になりたいからです。ジャングルでサバイバルするだけでなく、もっと効果的に、もっと力強く生き抜いていけるように。
このワークブックは、きみたちティーンエージャーのために書きました。楽しめるワーク、クイズ、自分の内面を見つめる質問、ほかにもいろいろなことがぎっしりと詰まっています。でも不安に思う必要はありませんよ。これは学校の勉強じゃないのです。

自分の生活を深く見つめ、自分の強みと弱みを知るためのツール、いわば日記のようなものだと考えてください（だから人に読ませたくなければ、それでかまいません）。このワークブックに取り組めば、人生において自分が何をしたいのか、どこを目指すのか、はっきりと思い描けるようになり、自分を磨いてパワーアップできるようになるでしょう。
きみたちの心の奥深くにある気持ちや望みを書く質問もあります。ようするに、もっとハッピーな人生を送るために、より良い習慣を身につけることができるのです。

## このワークブックをめいっぱい活用するためには

次のことを頭に入れておいてワークブックを進めていけば、最高の体験になるはずです。

- アンダーラインを引いたり、書き込んだりしよう！ カラーペンや蛍光ペンを用意して、覚えておきたい箇所はどんどんマークしよう。気づいたことを余白にメモしよう。自分が覚えておくためのメモなら、いたずら書きみたいになってもいいのです。本もワークブックも、書き込まれるためにあるのですから。だから楽しみながらマークしたり書き込んだりして、自分だけの１冊に仕立てあげましょう！
- ひたすら書きましょう！ ワークや演習にどんどんトライしましょう。書けば書くほど、自分のことがわかるようになります。自分にはそんな側面があったのかと、驚くこともあるはずです。
- 気に入った名言を見つけてください。このワークブックには、とてもクールな名言・格言をたくさんのせています。これだ！と思ったものは、紙に書いて、鏡やロッカーなど普段よく見る場所に貼っておきましょう。
- 「７つの習慣」を自分の生活のなかで実践することが大切です。「友だちもこのワークブックをやってみればいいのに」とか「うちの親にもこれをやらせたいよ！」というようなことを思ってはだめ。まずは、どうすればより良い「自分」になれるか考え、自分が抱えている問題に取り組むことが先決です。
- 学んだことを人に教えましょう。親友や両親（あるいは保護者）、きみにとって大切な大人に、ワークブックをやっていて気に入った考え方を話して、ディスカッションしてみるのです。きみがどういう決意をしたのか、どのように変わりたいのか、その人にどういうサポートをしてほしいのか話してみましょう。
- あっちこっち飛んでもかまいませんよ。最初から順番にやっていく必要はありません。そのときにやってみたいテーマがあれば、あいだを飛ばしてやってみましょう。そのほうが楽しく進められます。

## 『7つの習慣 ティーンズ　リニューアル版』を読もう

このワークブックを最大限に活用するためにも、『7つの習慣 ティーンズ　リニューアル版』を手元においておくことをおすすめします。「7つの習慣」の背景や一つひとつの習慣の詳しい内容がわかるし、ためになるエピソードもたくさん書いてあるからです。ワークブックには、本の該当するページを示してあるので、すぐにそのページを開いて確認することができます。

## 何を学びたいのか考えよう

ワークブックを実際に始める前に、ここで少し時間をとって、ワークブックの目的を確認しておきましょう。次のポイントにそって、きみが個人的に期待していることを書いてみてください。

**このワークブックを終えるときに、どのようなことを習得していたいですか？**

**今直面している一番の問題は何ですか？**

**その問題を乗り越えるために、このワークブックをどのように役立てたいですか？**

# 習慣を身につける
# 人をつくる習慣と人をだめにする習慣

## 01 習慣って何？

これらがきみが目指す「７つの習慣」です。できれば、『７つの習慣 ティーンズ リニューアル版』の 31 ～ 32 ページを読んでください。

**第 1 の習慣：主体的になる**
自分のやることに責任を持つという原則

**第 2 の習慣：終わりを考えてから始める**
自分のミッションと目標をはっきりさせるという原則

**第 3 の習慣：一番大切なことを優先する**
時間管理と優先順位づけの原則

**第 4 の習慣：Win-Win を考える**
相手も勝ち、自分も勝つという原則

**第 5 の習慣：まず相手を理解してから、次に理解される**
人の話を誠実に聞くコミュニケーションの原則

**第 6 の習慣：シナジーを創り出す**
創造的な協力の原則

**第 7 の習慣：自分を磨く**
定期的な自己再新再生の原則

習慣というのは、自分でも知らないうちに「繰り返し行うもの」です。自動操縦で行われるものといってもよいでしょう。あなたを正しい方向へ導く習慣もあれば、間違った方向へ連れていく習慣もあります。なんでも繰り返しやっていれば、それは身について、あなたという個人をつくります。とはいえ、人は習慣よりも強いのです。

はじめは人が習慣をつくり、それから習慣が人をつくる。──ジョン・ドライデン

今現在のあなたの良い習慣はなんでしょうか？ 良い習慣とは、定期的に運動する、友だちに誠実である、時間を守る、などです。

まず、自分が持っている良い習慣から考えてみましょう。

**あなたの良い習慣を4つあげてください。**

1

2

3

4

なぜこれらの習慣を続けているのですか？

それぞれの習慣について、どのような良い結果がありましたか？（例：人に笑顔で接する習慣――みんながフレンドリーに接してくれるようになった）

良い習慣もあれば、悪い習慣もあります。良くも悪くもない習慣もあります。たとえば、まず右足にソックスと靴をはいてから、左足にソックスと靴をはく、というような習慣は良くも悪くもない「どうでもいい習慣」です。あなたのどうでもいい習慣は？

では、あなたにとってあまり自慢できない習慣をリストアップしていきましょう。次の質問に答えてください。

**今現在、あなたの悪い習慣は何ですか？**

**なぜそれらの習慣を続けているのですか？**

**それらの習慣を何日（何週間、何年）くらい続けていますか？**

**それぞれの悪い習慣について、どのような悪い結果があると思いますか？（例：学校に遅刻する習慣－授業に出られず、社会に出たときに困るかもしれない）**

**これらの悪い習慣のなかで、どの習慣を一番直したいですか？**

## 02 悪い習慣を良い習慣に変える

あなたがあげた悪い習慣を下の表に記入してください。悪い習慣を良い習慣に変えることを意識していられるように、次の１週間、この表を持ち歩きましょう。

| 変えたい悪い習慣 | どのように変えるか |
|---|---|
| 学校での習慣 | |
| 1. | |
| 2. | |
| 3. | |
| 家族に対する習慣 | |
| 1. | |
| 2. | |
| 3. | |
| 友だちに対する習慣 | |
| 1. | |
| 2. | |
| 3. | |
| そのほかの習慣 | |
| 1. | |
| 2. | |
| 3. | |

「７つの習慣」がすごいのは、一つひとつ積み重ねていくものだからです。算数を覚えてから計算ができるようになる、アルファベットを覚えてから単語を書けるようになる、しっかりした基礎をつくってから50階建てのビルを建築するのと同じです。木が地中に根をはってから幹がのびていき、枝を出し、葉が茂り始めるように、人も成長していくのです。
次のページにある木の図を見て、人の成長をイメージしよう。

## 「7つの習慣」の成り立ち

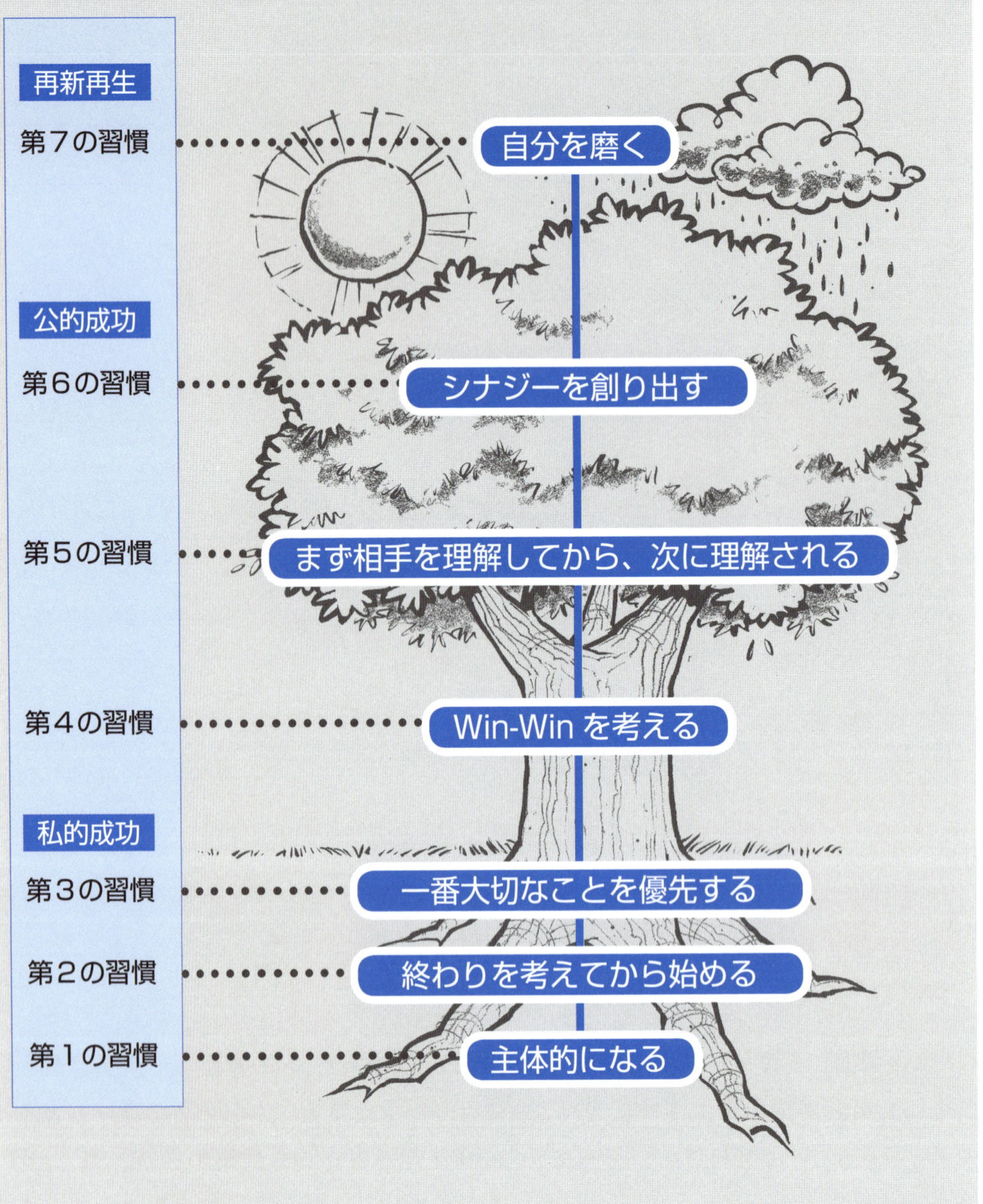

再新再生
第7の習慣
自分を磨く
公的成功
第6の習慣
シナジーを創り出す
第5の習慣
まず相手を理解してから、次に理解される
第4の習慣
Win-Winを考える
私的成功
第3の習慣
一番大切なことを優先する
第2の習慣
終わりを考えてから始める
第1の習慣
主体的になる

# パラダイムと原則
# 人は自分に見えるものを手にする

## 03 パラダイムって何？

パラダイムとは、ものの見方です。物事を見て判断するときのあなたの視点、基準、あるいは信念です。もう気づいているかもしれませんが､正確なパラダイムもあれば、的外れなパラダイム、間違っているパラダイム、不完全なパラダイムもあります。
中世の時代から18世紀末まで、医者は病気の原因は「病んだ血」にあると信じていました。知っていました？ だから医者は、病んだ血がなくなるまで患者の体から血を抜き取っていたのです。ジョージ・ワシントンは咽頭炎と高熱を患っていたのですが、実際はこの瀉血《しゃけつ》という処置のせいで亡くなりました。
体のさまざまな部分にさまざまなかたちで入り込む病原菌の存在は、今では常識です。だから病気によって治療法も違います。患者の体から血を抜き取る治療などもうしていません。昔は、治療に対する見方――パラダイム――が不正確で不完全だったのです。

> パラダイムはメガネのようなものです。自分に対するパラダイムや人生に対するパラダイムが不完全なのは、度のあわないメガネをかけているのと同じ。そんなメガネをかけていたら、なんでもゆがんで見えてしまいます。 ――ショーン・コヴィー

## 04 歴史に残る迷言トップ 10

10位 「個人が自宅にコンピューターを持つ理由はない」
ディジタル・イクイップメント・コーポレーション創業者兼社長ケネス・オルスン、1997年

9位 「飛行機は面白いオモチャだが、軍事的な価値はない」
フランスの軍事戦略家でのちの第一次世界大戦司令官フェルディナン・フォシュ元帥、1911年

8位 「将来、どんなに科学が進歩しても、人が月に到達することはない」
三極管の発明者でラジオの生みの親リー・ド・フォレスト博士、1967年2月25日

7位　「テレビは半年もすれば市場から消える。毎晩、合板の箱を凝視するなど、すぐに飽きるだろう」

20世紀フォックス社長ダリル・F・ザナック、1946年

6位　「彼らのサウンドは好きになれない。ギターのグループはそのうちすたれる」

ビートルズを拒んだデッカ・レコード、1962年

5位　「ほとんどの人にとって、タバコは体によい」

ロサンゼルスの外科医イアン・マクドナルド、1969年11月8日付『ニューズウィーク』誌より

4位　「この電話なるものは欠陥が多すぎて、通信手段としてまじめに考えるには値しない。この装置は本質的に無用のしろものだ」

ウェスタン・ユニオンの社内メモ、1876年

3位　「地球は宇宙の中心である（天動説）」

エジプトの偉大な天文学者プトレマイオス、紀元2世紀

2位　「今日起こったことは重要ではない」

イギリス国王ジョージ3世、1776年7月14日（アメリカ独立記念日）

1位　「2年後には迷惑メールの問題は解決される」

ビル・ゲイツ（2004年　世界経済フォーラム）

**今では間違いであることがわかっている昔のパラダイムには、ほかにどのようなものがありますか？（例：世界は平らである）**

**これらの不正確なパラダイムは世界にどのような影響を与えましたか？**

## 05 自分に対するパラダイム

パラダイムとは、ものの見方です。物事を見て判断するときのあなたの視点、基準、あるいは信念です。ですから、自分に対するパラダイムとは、あなたが自分をどう見ているかです。自分に対するパラダイムがあなたをつくっていくのです。

自分は勉強が得意だと思っていれば、良い成績をとれるでしょうし、数学が苦手だと思っていたら、苦手なままでしょう。自分に対するパラダイムは、あなたを助けもすれば、邪魔もします。ポジティブなパラダイムであれば、あなたのなかの一番良いものが引き出されるでしょう。しかしネガティブなパラダイムなら、あなたの可能性を抑えつけてしまうのです。

**あなたが自分に対して持っているポジティブなパラダイムは？**

**誰かがあなたにあだ名をつけるとしたら？**

**あなたが自分に対して持っているネガティブなパラダイムは？**

**あなたの両親（または保護者）、バイト先の上司、学校の先生は、あなたに対してどのようなパラダイムを持っていると思いますか？**

**あなたに対するその人たちのパラダイムは、あなたが自分に対して持っているパラダイムと一致していますか？**

**その人たちのあなたに対するパラダイムは正しいと思いますか？**

## 06 自分に対するパラダイムを知ろう

あなたが自分にどんなパラダイムを持っているか知るために、そうだと思う項目にチェックをつけてみましょう。

- □ わたしはほかの人の気持ちを思いやることができる。
- □ わたしは学校の成績が良い。
- □ わたしは親切だ。
- □ わたしは幸せだ。
- □ わたしは頭がいい。
- □ わたしは人の役に立つ人間だ。
- □ わたしはスポーツが得意だ。
- □ わたしには才能がある。
- □ わたしはなんでも進んでやるほうだ。
- □ わたしは家族とうまくやっている。
- □ わたしは悪い人間だ。
- □ わたしは怠け者だ。
- □ わたしは頭が悪い。
- □ わたしには得意なものが１つもない。
- □ わたしは魅力的でない。
- □ わたしは人から好かれない。

- [ ] わたしは友だちに誠実でない。
- [ ] わたしは正直でない。
- [ ] わたしは人から頼りにされない。

１つでもネガティブなパラダイムがあったら、次の質問に答えてください。

**自分を悪く見るネガティブなパラダイムのなかで、今すぐ変えたいと思うものはどれですか？**

## 07 パラダイムビルダー

**自分に対するパラダイムが全部間違っていたら、どうしたらいいでしょう？**

**あなたを信じ、あなたの可能性を認めている人と一緒にすごしましょう。その人はあなたにとってどんな人ですか？**

**あなたを中傷したり、あなたのことを自分と同類だと思っている友人とは距離をおきましょう。距離をおいたほうがよさそうな友人は誰ですか？**

**パラダイムを変えるためには、ほかの人の視点から物事を見る努力をしなければなりません。あなたにとって、相手の視点に立って見なければならない状況は？**

一番大切なことは自分自身と友だちになること。そうでなければ、世界中の誰とも友だちにはなれません。
——エレノア・ルーズベルト

## 08 他人に対するパラダイム

人は自分に対するパラダイムだけでなく、他人に対するパラダイムも持っています。他人に対するパラダイムもゆがんでいることが少なくありません。自分とは違う視点から物事を見ると、ほかの人たちがなぜそういう行動をとるのか理解できるようになります。あなたにもきっと、すべての事実を知らず一面だけを見て、その人の行動が良いとか悪いとか判断していることがあるはずです。

あなたが他人に対して持っているパラダイムは不完全かもしれませんし、ことによるとまるで間違っているかもしれません。ですから、人の行動を軽々しく決めつけたり、レッテルを貼ったり、そうに違いないと思い込んだりすると、なにかとトラブルを招いてしまいます。自分だけの視点からでは物事の全体を見渡すことはできません。すべての事実を知ることはできないのです。心を開き、新しい情報やアイデア、考え方を受け入れ、自分のパラダイムが間違っていることがわかったら、進んで修正することが大切です。

**その人の一面しか知らないのに、こういう人だと決めつけている人はいますか？ それは誰ですか？**

その人に対するパラダイムを変えるために、どうしますか？すぐにできることを書いてください。

ほかの人のパラダイムが間違っていたら、そのことを相手にわからせるにはどうしますか？ あなたにできる行動や計画を書いてください。

## 09 世の中に対するパラダイム

自分と他人に対するパラダイムのほかに、私たちは世の中に対するパラダイムも持っています。あなたにとって大切なことはすべてあなたのパラダイムになります。それは世の中を見るときのメガネであり、あなたの生活の中心になるのです。
10代の生活の中心にあるものといえば、友だち、モノ、ボーイフレンド／ガールフレンド、学校、親、スポーツや趣味、ヒーロー、敵、自分、アルバイトといったところでしょう。どれにも良いところはありますが、欠点もあります。「パラダイムと原則」の章では、常に人生の中心におくべきものを教えています。それは「原則」です。

> 自分の人生をコントロールできないのなら、他人にコントロールされても文句を言ってはいけない。
> ――ベス・メンデ・コニー

あなたの人生の中心は何でしょうか？ 次の質問に答えて、確かめてみましょう。

1. 火曜の夜、あなたは家で数学の宿題をしている。なかなか進まず、だんだんいや気がさしてきた。すると友だちから、一緒に遊びに行こうと連絡がきた。あなたならどうする？
   a. いや気がさしていても宿題を続けることにするなら、F を記入する。
   b. 宿題はあとでやることにして、友だちと出かけるなら、A を記入する。

2. あなたの家族は、5日間の予定でフロリダにバカンスに出かける計画を立てている。あなたとしては行きたいのはやまやまだけれども、5日もバイトを休むと、学校に着ていく服を買うお金がたまらない。あなたならどうする？
 a. 家に残ってバイトを続けるなら、Bを記入する。
 b. 家族とフロリダに行くなら、Fを記入する。

3. あなたはこれから友だちと出かけるところ。友だちがもうすぐ迎えにくる時間だ。そこに電話が鳴った。あなたのボーイフレンド／ガールフレンドからで、うちで一緒にビデオをみようと誘われた。あなたならどうする？
 a. ボーイフレンド／ガールフレンドの家に行くことにするなら、Cを記入する。
 b. これから友だちと出かけるところだから行けないと断るなら、Fを記入する。

4. 午後11時、あなたは英語のテストの勉強をしている。夕食後ずっと勉強しているので、明日のテストで良い点数をとれる自信はある。疲れて、もう眠くなってきた。あなたの今の成績は平均A－なのだけれど、もう少し頑張って明日のテストでかなり良い点がとれれば、A＋になる。あなたならどうする？
 a. 十分に睡眠をとったほうが、すっきりした頭でテストを受けられると思うなら、Fを記入する。
 b. もう少し粘って勉強するなら、Dを記入する。

5. あなたは高校で開かれた大学説明会に参加していて、ある大学の説明を聞いている。でも、大人になったら何をしたいのか見当もつかないし、どの大学に行きたいかもわからず、考えがまとまらない。あなたが聞いているのは母親がすすめている大学の説明だ。何を勉強したいのかわからないけれども、その大学に進学しようかという気持ちに傾いている。説明が終わると、担当者が願書に記入するよう言った。あなたならどうする？
 a. もう少し考えてから願書を提出することにするなら、Fを記入する。
 b. その場で願書を提出するなら、Eに記入する。

下の欄に、各設問で選んだ回答で指定されたアルファベットを記入してください。
その下に、A～Fがいくつあったか数えて記入してください。

1 □　2 □　3 □　4 □　5 □

各ボックスのアルファベットを数えてください。

A：□　B：□　C：□　D：□　E：□　F：□

### 診断結果

**F：**Fが3つ以上なら、あなたの生活の中心はとても健全で、バランスがとれています。

**E：**Eが1つでもあったら、『7つの習慣 ティーンズ　リニューアル版』の52ページを読んで、両親を自分の人生の中心におきすぎていないか考えてみましょう。

**D：**Dが1つでもあったたら、『7つの習慣 ティーンズ　リニューアル版』の51ページを読んでください。学校の勉強は大切です。でもやりすぎは禁物！「第7の習慣　自分を磨く」ところでは自分自身のリニューアルについて述べていますから、それもよく読んでみましょう。

**C：**Cが1つでもあったら、『7つの習慣 ティーンズ　リニューアル版』の50ページを読んで、ボーイフレンド／ガールフレンドを自分の人生の中心におきすぎていないか考えてみましょう。

**B：**Bが1つでもあったら、『7つの習慣 ティーンズ　リニューアル版』の49ページを読んでください。ほしいモノを手に入れて楽しむのは、けっして悪いことではありませんが、モノを人生の中心においてしまうことのないように注意しましょう。モノの価値はいつかなくなりますが、家族ですごす時間のすばらしい思い出は永遠に残るのです。

**A：**Aが1つでもあったら、『7つの習慣 ティーンズ　リニューアル版』の48ページを読んで、友だちを人生の中心におきすぎていないか考えてみましょう。

## 10 原則は裏切らない

重力の作用は誰でも知っています。ボールを上に投げれば落ちてきます。これは自然の法則、つまり原則なのです。重力は物質界を支配する原則ですが、同じように人間界を支配する原則もあります。原則に従って生きれば、すばらしい人生を歩むことができるのです。原則に反する生き方をしていたら、失敗するのは目に見えています。

人間界の原則には、正直、奉仕、愛、勤勉、他者に対する尊敬、感謝、節度、公平、誠実、忠誠、責任などがあります。コンパスの針が常に真北を指すように、あなたの心も真の原則を指し示せるのです。あなたの人生の中心が原則であれば、何があってもゆるがない、しっかりとした土台を築けるのです。
原則にもとづいた人生を送るべきであるのはなぜなのでしょうか。原則とは真逆のものを土台にした人生を思い描いてみれば、そのわけがよく見えてくるはずです。誠実ではない、なまける、だらしがない、自分勝手、憎しみなどが人生の中心になっていたら、どんな人生になるでしょうか？

しかし原則を第一に考えて行動すれば、生活のあらゆる面がうまくいきます。奉仕、尊敬、愛の原則を守って生活していると、信頼しあえる良い友だちが増え、安定した人間関係を持てるようになります。原則中心が人生のカギを握っているのです。

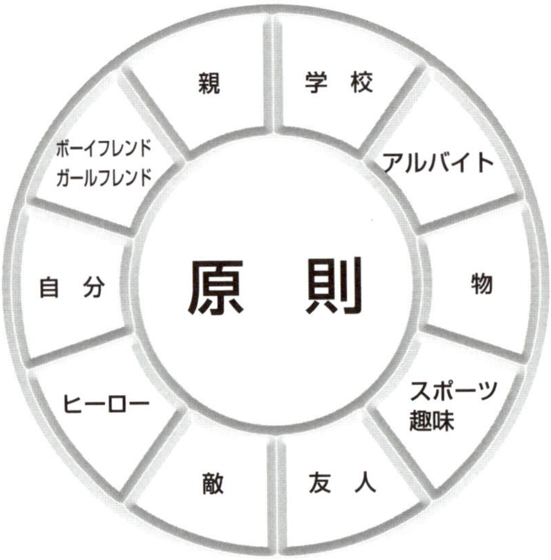


**ほかにはどんな原則があるでしょうか？**

**それらの原則のなかで、あなたにとって実行するのが一番難しいのはどれですか？**

さまざまな原則を車輪にたとえて考えてみましょう。車輪の軸はあなたの人生の中心にある原則です。そこから放射状につながっているスポークは趣味や関心事です。右の車輪の中心に、あなたが現在大切にしている原則、あるいはほかの人が実践している原則ですばらしいと思うものを書いてください。スポークの部分には、その原則の影響を受ける事柄を記入します（趣味、学校、仕事など）。

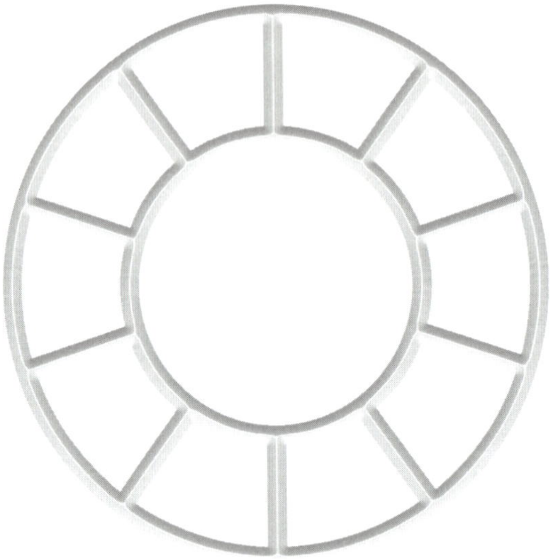

**身につけたいと思う原則は何ですか？**

**どのようにして身につけますか？（あなたの行動や計画を書いてください）**

**いつからそれを始めますか？**

今日から、原則をあなたの人生の中心にすることを決意してください。それが人生に対するあなたのパラダイムです。ジレンマにおちいったり、難しい状況に立たされたりしたとき、「ここで従うべき原則はなんだろう？」と自分に問いかけるのです。

## 11 最初の一歩

「最初の一歩」は、原則や習慣を生活のなかで実践できるようになるために、今すぐにできる簡単なエクササイズです。小さな一歩を続けていけば、やがて大きな一歩になり、長期的な目標を達成できるでしょう。『7つの習慣 ティーンズ　リニューアル版』の各章の終わり、そしてこのワークブックの各章の終わりに、「最初の一歩」のリストがあります。1つか2つでもかまいませんから、勇気を出してやってみてください。

**1**　今度鏡を見たときに、自分の良いところを口に出して言ってみよう。

**2**　今日、誰かの意見をほめてみよう。「さえてるねえ」というように。

3 「ぼくは消極的だ」というような、自分に対するネガティブなパラダイムを持っていないだろうか？ 今日は、そのパラダイムと真逆のことをしてみよう。

4 あなたの大切な人や親友の様子が最近おかしくなり、その人らしくない行動をしていたら、そんなふうになった理由を考えてみよう。

5 何もすることがないとき、あなたはどんなことを考える？ あなたにとって一番大切なことが、あなたの人生の中心、パラダイムであることを覚えておこう。
あなたが自分の時間とエネルギーを注ぐものは：

6 黄金律を守ろう！ 今日から、あなたが人からこうしてほしいと思うことをほかの人にしてあげよう。短気をおこさない、夕ごはんに残りものが出てきても文句を言わない、悪口を言わない。あなただって、こういうことはされたくないですよね？

7 １人きりになれる静かな場所を見つけて、自分にとって一番大切なことは何か、よく考えてみよう。

8 普段よく聴いている音楽の歌詞に注意を向けてみる。その歌詞は、あなたが信じている原則と一致している？

9 今夜、家事の手伝いやバイトをするとき、勤勉の原則を実践してみよう。いつもよりも頑張って、家族やバイト先の上司から期待されている以上のことをやろう。

10 今度、厳しい状況に直面し、どうしていいかわからないときは、「ここではどんな原則に従えばいいのだろう？」と考えてみよう（正直、愛、忠誠心、勤勉、忍耐など）。その原則に従って行動し、後ろは振り返らないこと。

最初の一歩

# 学習日記

「最初の一歩」のなかで挑戦してみたこと、学んだことを書いてみよう。

# 自己信頼口座
## まずは鏡の中の自分を変えよう

### 12 インサイド・アウト

「自己信頼口座」の章で学んでほしいのは、すべては「鏡の中の自分」を変えることから始まるのだということです。実際問題、自分自身との闘いが一番厳しいのです。自分との闘いのなかで、人は精神的に強くなり、人格を育て、本当の意味で成長していきます。
世の中を変えたいと思うなら、まずは自分を変えなくてはなりません。自分のことはさておいて、両親、ボーイフレンドやガールフレンド、学校の先生を変えようと思うのは間違いです。どんな変化も、まずは自分自身を変えることから。アウトサイド・イン（外から内へ）ではなく、インサイド・アウト（内から外へ）なのです。

鏡に映った男の姿をじっと見る
彼に言うんだ、自分を変えてみないかって
こんなにはっきりしたメッセージはない
世界をよりよい場所にしたいなら
まず自分を見つめよう
そして、変わるんだ　　　　――シーダ・ギャレット／グレン・バラード

以下の英国国教会司教の文章を読み、次の質問に答えてください。

若くて自由で、想像力も果てしなかった頃、世の中を変えるのが私の夢だった。年をとって賢くなるにつれ、世の中は変わらないことに気づいた。
そこで少し視野を狭め、自分の国だけを変えることにした。だが、国も微動だにしないようだった。
人生の黄昏にさしかかり、私の家族や身近な人々だけでも変えようと、最後の力を振り絞ってみた。ところが、ああ、誰も言うことを聞いてはくれない。
そして、死の床に就いた今、私は気づいた（恐らく、生まれて初めて）。まず自分自身を変えていれば、家族も私を見習ったのではないかと。家族に励まされ、支えられて、自分の国をよくすることができたのではないかと。もしかしたら、私も世界を変えていたかもしれないのだ。

**もし世の中を変えられるとしたら、何を変えたいですか？**

**その変化を実現するためには、自分のどこを変えればよいと思いますか？**

**インサイド・アウトのアプローチは、あなたのまわりの人たちにも役立ちます。それはなぜでしょうか？**

## 13 自己信頼口座

あなたが自分をどう見ているかを銀行口座にたとえて考えてみましょう。銀行でお金を引き出したり、預けたりするのと同じように、あなたの行動、言葉、考えること、その一つひとつが預け入れにもなり、引き出しにもなるのです。たとえば、自分との約束を守ることができたなら、自信が持てますね。これは預け入れです。逆に自分との約束をやぶったら、自信を失います。これは引き出しです。
口座の残高をプラスに維持するためには、引き出しよりも預け入れを多くしなければなりません。自己信頼口座に預け入れをすればするほど、自信がついていきます。引き出しばかりしていたら、自尊心が傷つき、自信が失われていきます。

あなたは自分をどのくらい信じているでしょうか？ 自信満々ですか？ あなたの自己信頼口座の残高はプラスでしょうか、マイナスでしょうか？ 次のような症状が出ていないか、チェックしてみてください。自己信頼口座が悲惨なことになっていないかどうかがわかります。

次の症状は、自己信頼口座の残高がマイナスになっているでしょう。
－正しいことだとわかっていても、行動に移せない。
－自虐的なことを言ってしまう。
－まわりの人たちの行動や言葉に流される。
－食べたいだけ食べる、テレビは見たいだけ見る、ネットサーフィンはしたいだけする。
－タバコを吸っている。飲酒している。
－誰に対しても、何に対しても、誠実になれない。
－人から利用されている。

次のような症状があれば、自己信頼口座の残高はプラスになっています。
＋自分が正しいとわかっていれば、実行する。
＋ほかの人に自分の意見やアイデアをはっきりと言える自信がある。
＋ほかの人の成功を喜ぶ。
＋学業、スポーツなど才能の開発、自分の時間のバランスがとれている。
＋原則に従って生活している。
＋自分の知っている人や大切に思っている人が悪口を言われていたら、その人をかばう勇気がある。
＋自分のスキルや才能を伸ばすために努力している。
＋人生には浮き沈みがあるものだとわかっている。

自己信頼口座の残高を日頃から意識できるようになるために、１週間、自分が行った預け入れと引き出しを記録してみましょう。次ページの図のような自己信頼口座の通帳をつくり、これから７日間持ち歩き、自分の行動を記入します。たとえば、預け入れの行動であれば、行動の内容によって100円から1,000円の範囲で足し、逆に引き出しの行動は、500円から2,000円の範囲で差し引きます。いくら足すか、いくら差し引くかは、自分で決めてください。１週間で残高はどれくらいになるでしょうか？ 引き出しも正直に書きましょう。

| | + | − |
|---|---|---|
| 始めると決めていたエクササイズを開始する | 500 | |
| ゆうべは夜更かししてしまった | | 1,500 |
| 数日後の重要な化学のテストに向けて勉強した | 1,000 | |
| 「おまえはすごいんだ」と自分に言い聞かせた | 200 | |
| 学校から帰ってきて何時間もLINEをした | | 1,200 |
| 朝食を抜き、昼はチョコレートとジュースだけ | | 500 |
| **差引残高** | 1,700 | 3,200 |

１週間後、どうなっているでしょうか？ 満足できる結果になっているでしょうか？あまりの引き出しの多さにがっくりくるでしょうか？

## 14 自分との約束を守ろう

約束をほとんど守らない友だちはいますか？ 電話をすると言ったのに、してこない。試合のある日は迎えに行くと約束したのに、忘れてしまう。しばらくすると、そんな友だちのことは信頼しなくなるものです。そういう人たちの約束は、口先だけだからです。自分との約束も同じこと。「明日の朝は６時に起きる」とか「家に帰ったらすぐに宿題をやる」というような約束をやぶってばかりいたら、そのうち自分を信頼できなくなります。
自分の一番大切な人にした約束はなんとしてでも守りますよね。それと同じように自分との約束も真剣に果たさなくてはなりません。人生は自分ではどうにもならないと感じているとしても、自分の力でどうにかできるものはあります。それは、自分自身。自分と約束をして、それを守ることです。

守れる自信のある小さな約束から始めて、約束を守る習慣がついてくると、難しい約束にも挑戦するようになり、そのうち自分に大きな誓いを立て、達成できるようになります。

人生は常に私たちを試している。自分が立てた誓いをどれだけ守れる人間かと。そして、人生最大の褒美は、誓いを立てたら、成し遂げるまで絶対にあきらめない者に与えられるのだ。
——アンソニー・ロビンズ

次の質問に答えてください。

**自分との約束を守れなかったとき、どんな気持ちになりますか？**

**守りたいと思っているのに、ずっと守れていない自分との約束は何ですか？**

**その約束を守れないのはなぜですか？**

**その大きな約束をいつかはたせるようになるために、今守る自信のある小さな約束を２つか３つ考えてください。**

1

2

3

その大きな約束を達成したいのはなぜですか？

その大きな約束を守ることによって、あなたの人生がより良くなるのはなぜでしょうか？

その大きな約束をはたせたとき、あなたが自分自身に贈るご褒美は何ですか？

## 15 小さな親切をしよう

たとえ小さな親切でも、積み重ねていると自分が大好きになります。ほかの人への小さな親切が、あなたの自己信頼口座への預け入れになるのです。
人に親切にしてあげると、自己中心的な目を外に向けることになります。誰かの役に立とうとしているときは、たとえいやなことがあっても暗い気持ちでいるわけにはいきません。誰かの力になってあげれば、自分の気持ちまで明るくなるのです。

身近な人で、あなたの小さな親切が役立ちそうな人を３人挙げてください。

1

2

3

この３人のために、あなたが匿名でしてあげられる親切はなんでしょうか？

1

2

3

## 16 自分に優しく、自分を笑い飛ばそう

自己信頼口座のことを学ぶと、完璧な人間なんかいないのだから、失敗しても、あまり自己嫌悪を感じる必要のないことがわかるはずです。誰でも毎日何がしかの失敗はするもの。そんな自分を責めず、ゆるすことが優しさです。明日の朝から完璧な人間になれるとは期待しないこと。自分の失敗やおろかな行動を笑い飛ばせるようになりましょう。失敗から学ぶことが大切なのですから、自分を必要以上に責めてはいけません。過去のことは過去のこととして、どこが間違っていたのか、なぜ失敗したのか振り返る。直す必要があるのなら直し、あとは忘れて前進あるのみ！

自分に優しくなるというのは、自分の失敗を笑い飛ばせるようになることです。自分を笑い飛ばして、深刻になりすぎないこと。それは希望を持って明るく次に向かう態度であり、友だちの目にも魅力的に映るのです。

自然界においては、完璧なものは１つとしてなく、そしてすべてが完璧である。木々はねじれていたり、奇妙な形に曲がっていたりする。それでも美しい。
――アリス・ウォーカー

これまでのあなたの失敗のなかで、穴があったら入りたいような恥ずかしい出来事を思い出してください。小説の一節を書くつもりで、その失敗を下のスペースに書いてみましょう。別の用紙に書いてもかまいません。主人公はあなたです。そのときの状況、もしいればほかの登場人物を描写し、あなたが何を言って、何をしたのか書いてください。

今度は、その恥ずかしい出来事をお笑い芸人の台本のように書き直してみてください。

２つの違いがわかりましたか？ 読んでみて、自分自身に対する感じ方、あるいはその恥ずかしい思い出に対する感じ方が変わったでしょうか。気づいたことを書いてください。

**自分の失敗を笑い飛ばせたら、自分に自信が持てるようになるはずです。なぜだと思いますか？**

## 17 正直になろう

正直というのは、自分と自分の行動に対して正直であることです。「正直」というと、率直、清廉潔白、道徳的、信念を曲げない、本心から愛する、忠誠心、真実、本音、正しい、正当、公正、誠心誠意、というような言葉を連想します。これらの言葉があなたに当てはまるなら、あなたは間違いなく正直な人間です。

正直であるとは、本当の自分を人に見せることです。自分を偽ったり、本当の自分とは違う姿に見せようとしたりすることではありません。自分に対して正直でないと、なんとなく落ち着かず、自信が持てません。そうしているうちに結局は自己信頼口座から引き出しをしてしまい、残高を減らすことになります。

正直になる場面は、日々のあらゆる活動にあります。テストを受けるときも、両親や友だちと話すときも、あるいはバイト先でも、正直になるか、不正直になるか、常に選択が求められているのです。正直な行動はすべて自己信頼口座への預け入れになります。

**あなたが知っているもっとも正直な人は誰ですか？（身近な人でも、尊敬する有名人でもかまいません。）**

**その人のどのような行動が正直なのですか？ 具体的な出来事を書いてください。**

あなたがもっと正直になるためにできることは？ できることのリストを作成してください。

- [ ] 
- [ ] 
- [ ] 
- [ ] 
- [ ] 
- [ ] 
- [ ] 

## 18 自分をリニューアルしよう

リラックスして自分をリニューアルする時間を持ちましょう。そうしないと生きる意欲がなくなってしまいます。「秘密の花園」という映画を知っていますか？ 原作はフランシス・ホジソン・バーネットの小説です。この映画にも描かれているように、誰にとっても、1人きりになって精神をリニューアルさせる場所、聖域のような場所が必要です。なにも花園や山の頂上、誰もいない静かな浜辺でなくともよいのです。1人になれるのなら、自分の部屋で十分です。お風呂場でもかまいません。

あなたにとっての避難場所はどこですか？

その場所について詳しく説明してください。

あなたが理想とする避難場所はどこですか？

そこを避難場所にしたいのはなぜですか？

プレッシャーを感じたり、悲しかったりするときに、あなたが行く避難場所はどんなところですか？

避難場所ですごすと気分が良くなりますか？ 良くなるなら、それはなぜですか？

避難場所に行けないときは、どうしますか？

## 19 自分の才能を引き出そう

自分で気づいていてもいなくても、誰にでも才能はあります。スポーツや音楽、ダンスなどのように人の注目を集めるものだけが才能なのではありません。それよりも大切な才能は、あなた自身のなかにあります。読解力に優れていることも、物覚えが早いことも、人の話をよく聞けることも、人前で堂々と話せることも、人を愛せることも才能です。

整理整頓、料理、子どもの世話、車の修理、挙げればきりがありません。いつも幸せな気分でいられることも才能の１つです。あなたのなかにある才能がなんであれ、好きなことをやっていて気持ちがウキウキするのなら、それが自己信頼口座の残高を大きく増やすのです。

変わった才能を持つ人を世界中から探し出してくるテレビ番組がありますよね。あるいは、ばかげたことをやった一部始終の動画を視聴者から募集して紹介している番組もあります。あなたが自分の動画を送るとしたら、どんな動画にしますか？

**テレビ番組のスタッフがあなたの変わった才能を撮影しにきたら、何をしますか？**

**自分でも気づいていないおかしな才能があるかもしれません。親友に聞いてみてください。どんな答えが返ってくるでしょうか？**

**その親友のおかしな才能は何ですか？**

あなたの得意なことを１つ挙げてください。(人前で話すこと、人の話をよく聞くこと、友だちを大切することも才能ですよ。)

あなたの個性を探しましょう。信頼している人に、あなたの個性はどういうところだと思うか質問してみてください。その人の答えを書いてください。

時間、お金、身体能力などがかぎりなくあるとしたら、どんな才能や個性を伸ばしたいですか？ 限界はいっさい考えずに計画を立ててみましょう。

その「夢の計画」で考えたことをもとにして、現実の計画を立ててみましょう。

現実の計画のなかで、今すぐ始められることは何ですか？

私たちはみな良くも悪くもどこかおかしいものだ。 ――ユダヤのことわざ

## 20 最初の一歩

リストのなかから１つか２つできそうなものを選んでください。実際にやってみた感想を誰かに話すか、学んだことや気づいたことを書いてみましょう。

**自分との約束を守る**

1 ３日間続けて、決めた時間に起きよう。

2 今日やっておかなくてはならない簡単な仕事を１つ選ぶ（たとえば洗濯物を洗濯機に入れる、国語の宿題の本を読む、など）。それを何時ごろやるか決めよう。あとは自分との約束を守るのみ。

**なんでもいいから人のためになることをする**

3 今日のうちに、誰にも知られずに良い行いをしよう。「ありがとう」とメモを書いてそっとおいておくとか、ゴミ出しをするとか、家族のベッドメイキングをしてあげるとか。

4 自分にできる奉仕活動を探そう。近所の公園を掃除する、介護施設でボランティア活動をする、目の不自由な人に本を読んであげる……

**自分の才能を開発する**

5 今年、自分が伸ばしたい才能をリストアップする。どのように取り組むか、具体的に書いてみよう。
今年、私が伸ばしたい才能：
どうやって伸ばすか：

6 ほかの人たちの才能で、あなたが一番うらやましいと思うものをリストアップしよう。
名前：
うらやましいと思う才能：

**自分に優しくなる**

**7** 苦手意識を持っている分野を思い浮かべる。それから深呼吸して自分に言い聞かせよう――「だからといってこの世の終わりじゃない」

**8** まる1日、自分のことを悪く言わないようにしよう。いじけそうになったら、自分の良いところを3つ考えよう。

**自分をリニューアルする**

**9** 今日は、心がウキウキするような楽しいことを1つ決めて、やってみよう。音楽をかけて踊ってみるとか。

**10** なんにもしたくない気分？ だったら、今すぐ外に出て、近所をぐるっと歩いてみよう。

**正直になる**

**11** 今度、両親から「何をやっているの」と聞かれたら、隠し事をしたり、言いつくろったりせず、洗いざらい話そう。

**12** 1日くらいは、みえをはったり、大きな態度をとったりせずにすごそう。

# 最初の一歩

## 学習日記

「最初の一歩」のなかで挑戦してみたこと、学んだことを書いてみよう。

# 第１の習慣　主体的になる
## 私は力だ

ホームランは偶然打てるものではない。準備して打つのだ。
――ロジャー・マリス

## 21 主体的か反応的か……選ぶのはあなた

あなたは缶入りの炭酸飲料？ それともペットボトルの水？ 反応的な人は、その場の感情で行動を選択します。そういう人たちは、まさに缶入りの炭酸飲料。人生に少しでも揺さぶられると、圧力がかかって、パーン！とはじけてしまうわけです。

主体的な人は自分の価値観を選択の基準にします。行動する前に考えるのです。自分の身にふりかかることはコントロールできないけれども、ふりかかったことにどう反応するかはコントロールできることを知っているのです。まさにボトル入りの水。思いきり振ってからフタをあけても、何も起こりません。泡も立ちません。主体的な人は静かに落ち着いています。

あなたは缶入りの炭酸飲料とボトル水のあいだを行ったり来たりしているのかもしれません。誰だって、とっさに反発してしまうこともあれば、感情を抑えていられることもあります。主体的な人と反応的な人の違いは、話す言葉でだいたいわかります。反応的な言葉はあなたからパワーを奪い、あなた以外の人やものにそのパワーを与えてしまいます。そうなってしまったら、自分の感情や行動を自分でコントロールできなくなるのです。

しかし主体的な言葉を使えば、そのパワーを取り戻せます。あなたの行動をコントロールするのがあなた自身なのか、ほかの誰かなのか、あなたが自分で選べるのです。

では、主体的な言葉とはどんな言葉なのでしょうか？ たとえば次のような言葉です。

- 「ごめん。そんなつもりじゃなかったんだ」
- 「僕がやる」
- 「あまり興味はないんだけど、ありがとう」
- 「ほかの方法を考えようよ」
- 「できるよ」

それに対して反応的な言葉はこんな感じです。

- 「きみのせいだ」
- 「……だったらいいのに」
- 「私には決められない」
- 「ずるいよ」
- 「僕はそういう人間だから」

**あなたが反応的になりやすいのはどういう場面ですか？（どんなとき？ どこで？）**

**あなたが主体的になりやすいのはどういう場面ですか？（どんなとき？ どこで？）**

**あなたが今、ぶつかっている人生の試練はどんなことですか？**

**今日、その試練に立ち向かい、変化を起こすために何ができるでしょうか？ あなたがとるべき行動を書いてください。**

## 22 自分の言葉に耳を傾けよう

「第1の習慣　主体的になる」ではまず、主体的な人と反応的な人の言葉の違いを学びましょう。

| 反応的な言葉 | 主体的な言葉 |
|---|---|
| やってみてもいいけど…… | 私がやる |
| 私はそういう人間だから | 私ならもっとうまくできる |
| 僕にできることはない | どんなことができるか考えてみよう |
| ～しなくちゃいけないのか…… | 私は～する |
| そんなのムリだ | 何か方法があるはずだ |
| おかげで1日が台なしだ | 僕は人の気分に振り回されはしない |

反応的な言葉を使うのは、あなたの人生をコントロールするリモコンを他人に手渡して、「好きなように私の気分を変えてかまわない」と言うようなもの。主体的な言葉を使えば、そのリモコンを自分の手に取り戻すことができます。自分が好きなチャンネルを自由に選べるのです。

### 自分の言葉を評価しよう

**あなたの言葉はほとんどが主体的ですか？ それとも反応的ですか？**

**あなたがよく使う主体的な言葉を書いてください。**

あなたがよく使う反応的な言葉を書いてください。

反応的な言葉を主体的な言葉に言い換えてみましょう。

あなたのまわりで、主体的な言葉を使うお手本になる人は誰ですか？

あなたにとって主体的な言葉を使いやすい場所や状況は？

あなたにとって反応的な言葉が出てきやすい場所や状況は？

## 23 犠牲者菌を予防しよう

『7つの習慣 ティーンズ　リニューアル版』の「第1の習慣　主体的になる」の章に書いてあるように、反応的な人は「犠牲者菌」という菌に感染してしまうことがあります。この菌に冒されている人は、皆が自分を目の敵にしていると思い込み、そのくせ自分は世の中にとってなくてはならない存在だと信じています。反応的な人は自分の態度に問題があることを認めず、すぐに機嫌が悪くなり、人を責め、腹を立て、あとで後悔するようなことを言い、グチや不満を口にします。自分に良いことが起こるのをただ待つだけ。どうしても必要に迫られなければ自分を変えようとはしません。

**自分が犠牲者のように感じたことはありますか？ どんなときですか？**

**そのように感じるのは当然だと思ったのはなぜですか？**

**そのような状況のときには、どうしたら犠牲者菌をやっつけられるでしょうか？**

## 24 主体性は自分のためになる

主体的な人は反応的な人とはまったく異なります。主体的な人は——

- すぐに機嫌が悪くなったりしない。
- 自分で選んだことに責任を持つ。
- 行動する前に考える。
- 何かあってもすぐに立ち直る。
- ムリだと思わず、実現する方法を探す。

自分で何とかできることに目を向け、自分ではどうにもならないことは気にしない。だから、主体的な人のほうがはるかに努力が報われるのです。自分の生活を自分でコントロールしているから、自分がやりたいことをやる自由があります。やればできるという積極的な姿勢が人を引きつけるのです。

**10年後にこうなっていたいと思う自分の絵を描いてみてください。**

**背景も描きましょう。あなたはどこにいますか？ まわりにはどんな人がいますか？**
**あなたは何をしているのでしょうか？**
**絵の下に、主体的な個人であるあなたの特徴をリストアップしてください。**

## 25 どうにかできるものは１つだけ

自分の身に起こることで、どうにもならないことはたしかにあります。10代のうちはとくに、親や学校の先生、部活のコーチから自分の人生を決められているように感じてしまうものです。でも、１つだけどうにでもなるものがあります。それは、自分の身に起こることにどう反応するかです。

「第１の習慣　主体的になる」では、２つの輪について学びます。内側の輪は「コントロールできる輪」といい、あなたが自分でコントロールできるものが入ります。外側の輪は「コントロールできない輪」です。ここには自分ではどうにもならないものが入ります。自分ではコントロールできず、どうにもならないことばかりを心配して生活していたら、ますますどうしようもない気分になってしまいます。自分にコントロールできることに目を向ければ、実際に自分でなんとかできるものです。だからおだやかな気持ちでいられます。

**1.** **内側の輪のなかに、生活のなかで自分がどうにかできるものをいくつか書いてください。**

**2.** **外側の輪のなかに、自分ではどうにもできないものをいくつか書いてください。**

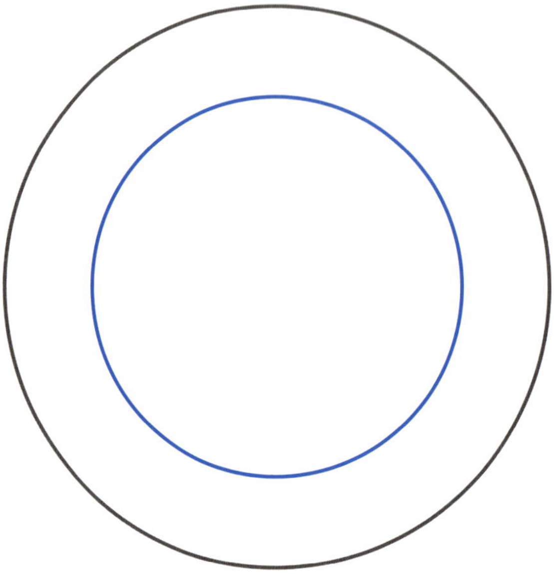

**「コントロールできないもの」の輪のなかに書いたもののうちで、いつも気にしていることを１つ挙げてください。**

**それを気にするのをやめるためには、どうしたらよいでしょうか？ あなたにできることを書いてください。**

## 26 逆転勝利

人生の試練にぶつかったとき、あなたは解決策を見つけられるでしょうか？ 行く手をはばむ大きな障害物は避けて通りますか？ それとも乗り越えて進みますか？「第１の習慣　主体的になる」は、どんな挫折も勝利に変えられるチャンスなのだと教えています。

W・ミッチェルという人は、１度ならず２度までも恐ろしい事故を克服しました。事故のせいで下半身が麻痺し、皮膚の移植手術も受けています。しかし彼は自分にはできなくなったことを嘆いたりはせず、前進し続けます。お金持ちになり、有名な講演者になり、市長にもなりました。いかだでの川下りやスカイダイビングにも挑戦しています。

W・ミッチェルは、挫折を乗り越え逆転勝利をおさめた実例そのものです。主体的になり、自分の態度という自分でコントロールできるものに力を注ぐことを選択したのです。

### 自分の反応を選ぼう

次のそれぞれの場面で、どうすれば挫折を勝利に変えられるか書いてください。

ダンスパーティはいよいよ来週です。あなたは友だちと一緒に出かけていき、ほかのグループとも合流して一晩中遊ぶことにしています。１カ月も前から楽しみにしていたのに、パーティの前日、うっかり階段から落ちて脚を骨折してしまいました。脚はギプスで固定されているありさまです。

**あなたならどうやって勝利に変えますか？**

半年間、あなたはサッカー部の練習を地道に重ね、ようやく大会を迎えました。もちろん狙うのは優勝です。この日のために全員で力を合わせて頑張ってきましたし、練習試合ではいい感触を得ていました。あなたはフォワードのエースです。メンバーのあなたに対する期待も日に日に高まっていました。そして大会の日、なんと１回戦で苦戦します。あなたはＰＫを２度もはずしてしまい、負けたことのない相手に負けてしまいました。

**あなたならどうやって勝利に変えますか？**

**あなたが過去に経験した挫折、あるいは今経験している挫折を書いてみましょう。**

**その挫折をどのように勝利に変えたのですか？　あるいはどうしたら変えられると思いますか？**

## 27 虐待を乗り越える

「第１の習慣　主体的になる」では、挫折を勝利に変えることを学びます。人生の挫折のなかでも、虐待はもっともつらいものの１つです。もしあなたが虐待を受けたことがあるなら、それはあなたのせいではないことを知っておいてください。主体的になれば、もう１日たりとも、人には言えない重荷や絶望感を抱えて生きていく必要はなくなるのです。

「あんな経験をして、主体的な人間になれるわけがない」と思うかもしれません。虐待を乗り越えるためのカギは、助けを求めること。誰かに話せば、その瞬間にあなたの問題は半分になり、癒《いや》しとゆるしの大切な一歩になります。虐待されているなら、今日にも誰かに話してください。信頼できる人に話し、あるいは民間団体や公共団体の相談窓口を探しましょう。虐待相談ホットラインのようなものがあれば、そこに電話することもできます。

友だちが虐待を受けていて、相談を受けたら、話を真剣に聞いて、力になってあげましょう。打ち明けられた話は、ぜったいにほかの人には言わないこと。秘密は守らなくてはなりません。

### 虐待を分析する

もしあなたが虐待を受けたことがあるなら、次の文の続きを書いてください。

**私は主体的になり、誰かに相談して助けを求めよう。具体的には次のことを行うつもりだ。（あなたの計画を書いてください。）**

過去に虐待を受けたか、現在虐待を受けている友だちがいて、その友だちがあなたに相談してきたら、どうしますか？ 次の文の続きを書いてください。

**私は、友だちの話を真剣に聞き、力になってあげよう。具体的には次のようにするつもりだ。（あなたの計画を書いてください。）**

虐待を受けたことがあり、または現在受けているけれども、誰にも相談していない人があなたの身近にいるなら、次の文の続きを書いてください。

**私は、その人を友だちだと思って手をさしのべよう。私がその人を心配していること、私が信頼できる相談相手であることをわかってもらう。具体的には次のようにするつもりだ。（あなたの計画を書いてください。）**

## 28 流れを変える人になる

虐待やアルコール中毒、福祉にばかり頼るといった悪習慣が親から子へ受けつがれるのはよくあることです。こうして家族の崩壊が代々繰り返されます。それほど悪い習慣ではなくとも、あなたの可能性のおさえつけてしまうような習慣を受けついでいたら、自分の可能性を最大限に発揮できない人生を送ることになってしまいます。
主体性を発揮すれば、この悪循環を断ち切り、自分の可能性を解き放つことができます。主体的になれば、悪習慣や可能性の芽をつみとる習慣が次の世代に受けつがれるのを止めることができます。あなたが「流れを変える人」になって、良い習慣をわが子に伝え、さらにその次の世代へと伝えていくのです。たとえあなたがどんな習慣を受けついでいようと、あなたのなかにはそれを乗り越える力があるのです。

失敗するか成功するかは、ほかの誰でもなく自分自身の行動の結果である。私自身が力なのだ。

——エレイン・マックスウェル

あなたが家族から受けついだ習慣で、変えたい習慣、改善したい習慣を１つ挙げてください。

その悪習慣の歴史はどのようにして始まったのですか？ 家族の生活にどのような影響を与えていますか？

その悪習慣はあなたの人生にどのような影響を与えていますか？

その悪習慣を変えると、あなたの人生はどのように変わりますか？

その悪習慣を変えるために、あなたが毎日できることは何ですか？（あなたが行うことを書いてください。）

## 29 主体的な筋肉を鍛える

「第１の習慣　主体的になる」は、反応的な考え方（その場の感情にまかせて行動を選択する）ではなく、主体的な考え方（価値観に従って行動を選択する）を持てるように背中を押してくれます。主体的な筋肉を鍛えれば、自分の人生に責任を持ち、ほかの人たちの力になり、影響を与えられるようになります。

### 責任を持つ

1. 協力してくれる友だちを見つけてください。友だちに頼んで目隠しをしてもらいます。
2. あなたと友だちは、家具の多い部屋か、障害物のたくさんある庭の両端に立ちます。
3. あなたは友だちのいるほうへ歩いていきます。障害物をよけられるように、「あぶない」とか「だいじょうぶ」というように友だちに指示を出してもらいます（けがをする危険のある障害物は使わないこと）。
4. 友だちのところまでたどり着いたら、同じように友だちの誘導でスタート地点まで戻ります。
5. これをもう１回繰り返します。

２回目は１回目とどう違っていましたか？

人は、ヒーローやヒロインになろうと思うなら、自分自身にそう命じなければならない。
——シモーヌ・ヴェイユ

１回目にはわからなかったけれども、２回目にはわかっていたことは何ですか？ それがわかっていたことで、障害物を主体的に避けることができたのでしょうか？ その知識はどのように役立ちましたか？

友だちが指示を出してくれているのに、障害物にうっかりぶつかったりしましたか？ そのときとっさに出た反応は？

あなたが主体的に障害物を避けるためには、何ができたと思いますか？

## 30 運命は変えられる

アメリカ人飛行士エリノア・スミスは「ずっと前から思っていたのだが、成り行きまかせの偉人はめったにいない。彼らは自分から事を成す」と語っています。
「第１の習慣　主体的になる」の章には、運命を変えられる人は、率先力と創造力と勇気を持って物事を実現するのだと書いてあります。運命を変えられる人は、自分の人生に何かが起こるのを待っていたりはしません。自分から行動を起こし、自分が望むものに向かって努力するのです。

運命を変えられる人とは、どんな人か考えてみましょう。あなたが尊敬している運命を変えられる人は誰ですか？（有名人でも身近な人でもかまいません。）

その人が運命を変えられる人だと思うのはなぜですか？ その人のどのような態度からそう思うのですか？

その態度によって、その人はどのような障害を乗り越えたのですか？

運命は変えられるという態度を持つことで、その人はどのような成功を成し遂げたのですか？

運命は変えられるという態度を持っていなかったら、その人の人生はどう違っていたと思いますか？

あなたの目標の達成を邪魔している障害は何ですか？

その障害を乗り越えるために、運命は変えられるという態度をどのように発揮しますか？（あなたにできることを書いてください）

## 31 一時停止ボタンを押そう

毎日毎日あまりに忙しくて、ついいつもの癖で反応してしまうことは誰にでもあります。「一時停止ボタンを押す」ことを覚えれば、すぐに反応せず、考えてから行動できるようになります。つまり、もっとかしこい判断ができるのです。

『7つの習慣 ティーンズ リニューアル版』の「第1の習慣 主体的になる」の章を読むとわかるように、一時停止ボタンを押しているとき、私たちは人間だけに授けられた「4つの能力《ちから》」を使っています。「4つの能力《ちから》」とは――

1. 自覚：自分から離れて自分の考えや行動を観察できる。
2. 良心：自分の内なる声を聞き、善悪を判断する。
3. 想像：新しい可能性を思い描くことができる。
4. 意志：選ぶ力がある。

あなたも、毎日の生活でこの「4つの能力《ちから》」をうまく使ったり、使えなかったりしています。これらの能力を使えば使うほど、主体的になる力がついてくるのです。

次の質問に答えて、あなたが一時停止ボタンと４つの能力《ちから》をうまく使えているか見てみましょう。

１＝一度もない　２＝ときどきある　３＝いつもそうだ

| | | |
|---|---|---|
| 自覚 | 時間をとって自分の考えや気持ちを見つめ、必要であれば変える。 | 1 2 3 |
| | 自分の考えが態度や行動にどう影響しているかわかっている。 | 1 2 3 |
| | 誰にも邪魔されずに1人で静かに考える時間をつくっている。 | 1 2 3 |
| 良心 | すべきこと、すべきではないことを判断する気持ちがわく。 | 1 2 3 |
| | 私を促すその気持ちに耳を傾け、それに従って行動する。 | 1 2 3 |
| | 社会やメディアが教える価値観と自分の価値観の違いを区別できる。 | 1 2 3 |
| 想像 | 行動する前に考える。 | 1 2 3 |
| | 目標を達成できた自分の姿を思い描いている。 | 1 2 3 |
| | 問題や障害のいろいろな解決策がすぐに思い浮かぶ。 | 1 2 3 |
| 意志 | 自分自身やほかの人に約束をし、それを守る。 | 1 2 3 |
| | 人生の有意義な目標を立て、達成する。 | 1 2 3 |
| | 選択をするときには自分の価値観を思い出し、それに従う。 | 1 2 3 |

全部の質問に答えたら、もう一度答えを見直しましょう。「きちんと一時停止ボタンを使っているだろうか？　もっとうまく活用するにはどうしたらいいだろう？」と自分に問いかけてみてください。

次の場面を読み、質問に答えてください。

あなたは学校の卒業アルバム作成委員をしています。熱心に取り組んでおり、ほかの委員からも頼りにされています。３カ月前のこと、新たに１人の生徒が委員会に加わりました。先日、彼は「卒業アルバム編集委員」に抜擢されました。それはあなたがずっとやりたいと思っていた仕事です。

**この状況であなたにできる主体的な選択はどのようなものでしょうか？　いつものような反応ではなく、あるいはその場の感情にまかせて反応するのではなく、一時停止ボタンを押し、人間だけに授けられた４つの能力《ちから》を使ってください。**

「自覚」を使うと

「良心」を使うと

「想像」を使うと

「意志」を使うと

何も考えずに行動することは誰にでもあります。誰かに押されたら押し返すというように、無意識に出てしまう行動です。しかしこれは、結果がどうなるか考えない衝動的な反応です。「第１の習慣　主体的になる」を身につけると、一時停止ボタンを押して自分の行動をコントロールし、どう反応すればよいか考え、適切な判断ができるようになります。

自分の身に起こることよりも、それに対して自分がどう反応するかのほうが重要だ。
――エレン・グラスゴー

## 32 最初の一歩

次のリストのなかから１つか２つできそうなものを選んでください。実際にやってみた感想を誰かに話すか、学んだことや気づいたことを書いてみましょう。

1　今度誰かに腹が立ったら、にっこりしてピースサインを出そう。

2 今日、自分の言葉にじっくり耳を傾けよう。「おまえのせいで〜」とか「〜しなくちゃ」とか「なんであいつらは〜なんだ」というような反応的な言葉を何回使ったか数えてみる。
私がよく使う反応的な言葉：

3 やりたいとずっと思っていたけれども、勇気がなくてできずにいたことを今日はやってみよう。居心地のよい場所を出て、自分から行動を起こす。誰かをデートに誘うとか、授業で手を上げるとか、何かのチームに参加するとか。

4 付せん紙に「私の気持ちを○○○には決めさせない」と書く。それをロッカーの鏡か手帳に貼って、いつも見るようにしよう。

5 今度のパーティでは壁の花にはならない。自分の身に面白いことが起こるのを待っているのではなく、自分から楽しもう。初対面の人のところに行って、自己紹介したりするとか。

6 今度、納得のいかない成績をとったら、怒ったり泣いたりしないで、先生と話し合おう。そして何をどう勉強したらいいか考える。

7 親や友だちとケンカしたら、自分から先に謝ろう。

8 あなたの「コントロールできない輪」のなかにあることは何だろう？ いつも気になっていて、自分ではどうにもできないことは、今日からもう考えないようにしよう。

9 誰かが学校の廊下であなたにぶつかったり、あなたの悪口を言ったり、列に割り込んできたりしても、すぐに反応せず一時停止ボタンを押そう。

10「４つの能力《ちから》」のうちの自覚を使って、「私の一番不健康な習慣は何だろう？」と自分に問いかけてみよう。その習慣を断ち切るために努力する決意をする。
一番不健康な習慣：
それをどうするか：

# 最初の一歩

## 学習日記

「最初の一歩」のなかで挑戦してみたこと、学んだことを書いてみよう。

# 第２の習慣　終わりを考えてから始める
## 運命を他人に操られるな。自分で操れ。

あなたが今選ぶ道は、一生を左右する。　――ショーン・コヴィー

## 33 終わりを考えてから始めるってどういうこと？

「第２の習慣　終わりを考えてから始める」というのは、人生で目指す行き先をはっきりと思い描くことです。自分にとって大切なこと（価値観）、従うべき原則を明確にし、目標を定めることです。「第１の習慣」は「車の助手席ではなく運転席に乗りなさい」と言っています。そしてこの「第２の習慣」は、「あなたが運転するのだから、どこに行きたいのかはあなたが決め、そこに到達するまでの地図を作りなさい」と言っているのです。

終わりを考えてから始めるといっても、最初から細かいところまで全部決めておく必要はありません。それでは旅の楽しさも半減するというもの。明日から先のことを考え、どの方向に進みたいのか決めるだけでよいのです。そうすれば目標に到達する正しいルートから外れずに、一歩一歩目標へと近づいていきます。

自分では気づいていなくとも、誰でも終わりを考えてから始めるということは普段からやっています。レポートを書く前には大筋を決めるものだし、ケーキを焼く前にはレシピを用意します。ディズニーランドに行くなら、前もって地図を確認しますよね？

### 人生の岐路

誰もが10代には人生の重要な分かれ道に立たされます。だからこそ、 終わりを考えることは大きなプラスになります。あなたが今選ぶ道が、あなたの一生を決めるからです。

あなたは今、どのような岐路に立っているのでしょうか？ 大学、結婚、家族、仕事、趣味、健康、お金など、どんな道を選ぼうとしているのでしょうか？

**右の分かれ道の標識に、あなたの選択肢を書き込んでください。**

あなたの将来は今から始まるのです。将来を左右するような問題に毎日のようにぶつかるはず。そうした問題をつきつけられたとき、考えもなしになんとなく流されてしまうことのないように、どう対応したらよいか今から決めておきましょう。

## 34 友だちをどうする？

今日あなたが選ぶ道はあなたの一生を左右するのだということです。不良グループに入ったら、その仲間とやることがこれから先のあなたの人生を決めてしまうかもしれません。

タバコを吸ったり、お酒を飲んだり、あるいはドラッグに手を出したりしたら、あなたの何年後かの健康はどうなっているでしょう？ あなたは将来どんな価値観を選び、何を大切にしているでしょうか？ 社会にどんな貢献をするのでしょうか？ 信じられないかもしれませんが、これらの質問への答えは、あなたが10代のうちに何をして、どんな決断を下すかによって変わってくるのです。

あなたが選ぶ友だちが、あなたの人生の選択に大きな影響を与えることもあります。あなたの力になってくれる友だちもいれば、あなたを傷つける友だちもいます。実際、あなたの態度、評判、進む道は友だちに大きく影響されるのですから、友だちは慎重に選ぶことが大切です。

友だちに関する次の質問に答えてください。

**いつも一緒にいる仲のよい友だち、親友の名前を書いてください。**

**友だちと一緒にするのが楽しいことは何ですか？**

**あなたと友だちには共通の趣味や興味はありますか？ それは何ですか？**

## 35 学校をどうする？

学業に関して今決断することが、あなたの将来を大きく左右します。自分ではとてもそうは思えなくとも、人生の今この瞬間、あなたの目の前には全世界が広がっているのです。望むものは何でもかなえられます。どこまででも行くことができます。けれどもその将来の大部分は、学校のことであなたが下す決断と結びついています。だから、よく考えて選択しましょう。自分の能力を過小評価して選択肢をせばめてしまってはいけません。

## ほかの人から学ぼう

あなたの知っている人で、教育や学業を大切にしている人は誰ですか？

その人にインタビューしてみましょう。次の6つの質問をしてみてください。

1. 10代だった頃、大人になったら何になろうと思っていましたか？

2. 10代だった頃、学業の面でどのような進路を考えていましたか？（大学、専門学校など）

3. 高校はどこでしたか？ 大学はどこに行きましたか？

4. 高校での経験は、これまでのあなたの人生にどのような影響を与えていますか？

5. 大学での経験は、これまでのあなたの人生にどのような影響を与えていますか？

6. 違う進路を選べばよかったと思いますか？ もしそうなら、どんな選択をすべきだったと思っているのですか？

## インタビューを終えたあなたへの質問

その人の答えで一番驚いたことは？

ほかに驚いた答えも書いてください。

インタビューしてみて、自分へのアドバイスにしたいことは？

あなたが大人になったら、何になりたいですか？

学校の勉強を頑張ることが人生の目標に影響するのはなぜでしょうか？

あなたは今、どのような進路を考えていますか？（大学進学、専門学校など）

進学を考えている大学、専門学校は？

高校でのどのような経験があなたのこれからの人生に影響を与えそうですか？

## 36 先頭は誰？

自分の将来のビジョンを自分で描かなければ、友だちや両親、メディアなど、ほかの誰かに描かれてしまいます。しかも、その人が関心を持っていることがあなたと同じとはかぎりません。
どんな人間になりたいのか、何をしたいのか、自分のビジョンは自分で描かなくてはなりません。そうしないと、先頭の誰かにただついて行くことになります。その先頭の人が進む道は、あなたが行きたい道ではないかもしれませんし、あなたが望んでいるほど遠くまで続いている道とはかぎらないのです。

どこで、何をして、どんな人になりたいのか、自分の将来のビジョンを考えてみましょう。次の質問に答えてください。

将来どんな人になり、どこにいたいのか思い描くことが大切なのはなぜでしょうか？

ビジョンを描かないと、どうなると思いますか？

自分と同じ価値観を持つ友だちを選ぶことが大切なのはなぜでしょうか？

あなたの友だちが大切に思っていることは何ですか？

あなたの両親や家族が大切に思っていることは何ですか？

あなたの価値観と友だちや家族の価値観の共通点は何ですか？

**自分とは価値観の違う友だちを選ぶと、どうなると思いますか？**

**10代のときの選択は、その後の人生にどのような影響を与えると思いますか？**

## 37 自分のためのミッション・ステートメントを作ろう

自分のためのミッション・ステートメントは、自分の人生はこうありたいという信念やモットーのようなものです。あなたの人生を組み立てるための青写真、人生という旅をするための地図ともいえます。あなたの運命はまだ決まっていないのですから、これからの人生を歴史に足跡を残すようなすばらしいものにする決意をしましょう！覚えておいてください。人生ではたすべきはミッションであって、キャリアではありません。キャリアは職業です。キャリアは「何が得か？」とあなたに問い、ミッションは「どうすれば変えられるのか？」と問うのです。

**自分のためのミッション・ステートメントがあなたにとって大切なのはなぜだと思いますか？**

**次のページから続くワークシート「偉大なる発見」に記入しましょう。**

## 偉大なる発見 ワークシート

**1** あなたの人生に良い影響を与えた人を思い浮かべてください。その人のどのようなところを見習いたいですか？

**2** 20 年後の自分を想像してください。あなたは一番大切な人たちに囲まれています。その人たちは誰でしょうか？ あなたは何をしているのでしょうか？

**3** 2つの超高層ビルのあいだに幅 15cm の鋼鉄の板が渡されているとします。何のためであれば、この橋を渡ってもいいと思いますか？ 1万円？ 1億円？ あなたのペット？ 兄弟？ 名声？ じっくり考えてみましょう。

**4** 一日中、大きな図書館で好きなことを勉強するとしたら、何を勉強しますか？

**5** あなたがやりたいことを10個挙げてください。歌、ダンス、雑誌を読む、絵を描く、読書、空想……何でもいいので、やってみたい！と思うことを書きましょう。

1
2
3
4
5
6
7
8
9
10

**6** あなたが強く勇気づけられたときのことを書いてください。

❼ 今から５年後、地元の新聞社があなたのことを記事にします。そこで、両親、兄弟姉妹、友だちなど、あなたをよく知る３人にインタビューします。この３人にどんなことを話してもらいたいですか？

❽ 自分を何かにたとえてみてください。花、歌、動物、何でもかまいません。なぜそれを選んだのですか？

❾ 歴史上の人物と１時間すごせるとしたら、誰とすごしたいですか？ その人物にどんな質問をしたいですか？

**⑩** 誰でもかならず何か才能を持っています。あなたの才能は何でしょうか？ 次のなかであなたが得意なものは？ ほかにもあれば、それを書いてください。

- □ 計算
- □ 言葉の表現
- □ 奇抜なことを思いつく
- □ スポーツ
- □ 何かを実現すること
- □ カンがよいこと
- □ 機械いじり
- □ 芸術
- □ 人付き合いがよいこと
- □ 暗記
- □ 決断すること
- □ 工作
- □ 人を受け入れること
- □ 予言
- □ 話すこと
- □ 書くこと
- □ ダンス
- □ 人の話を聞くこと
- □ 歌
- □ ユーモア
- □ 分かち合うこと
- □ 音楽
- □ 雑学

ねぇ、
僕が／私が
見つけたものを
見てよ。僕自身／
私自身だよ！

## 38 自分の才能を発掘しよう

自分のためのミッション・ステートメントを作成するときは、自分の得意なことを発見することが大切です。自分では気づいていなくとも、才能や特技は誰にでもあります。それが何かを知ることが重要なのです。
才能というと、一流のスポーツ選手や歌手などのように人々の注目を集める才能を思い浮かべますが、それほど注目されなくとも、大切な才能はたくさんあります。人の話をよく聞く、人を笑わせる、気前がよい、人をゆるせる、絵がうまいというもの才能ですし、あるいは明るい性格も、世の中を良くすることのできる立派な才能です。

### 自分の才能を挙げてみよう

1. あなたをよく知っている人を３人挙げてください。

1

2

3

2. その人たちにインタビューして、あなたの才能を何だと思うか答えてもらいましょう。少なくとも３つは聞き出してください。その人たちの名前、あなたの才能として挙げてもらったものを記入してください。

１人目

1

2

3

2人目

1

2

3

3人目

1

2

3

3. 自分では気づいていなかった才能を○で囲んでください。

## ミッション・ステートメントづくりにとりかかろう

自分のためのミッション・ステートメントのスタイルは、それこそ人の数だけあります。人によって違って当然です。大切なのは、あなたを鼓《こ》舞《ぶ》し、意欲をかき立てるようなものであること。ミッション・ステートメントは、自分の価値観、基準、人生で達成したいことをいつも忘れずにいるためのものです。

あなたがよく知っている有名人の名前を書いてください。

その人にとって大切なこと／大切だったことは何でしょうか？

その人の意欲をかき立てている／かき立てたものは何でしょうか？

その有名人のミッション・ステートメントを一言でいうと？

ほかの人のいろいろな長所のなかでも、あなたがとくにすごいと思うのは何ですか？

「偉大なる発見」のワークシートを見直してください。タイマーを５分にセットして、あなたのミッション・ステートメントの下書きを書き始めましょう。どんなものになるか気にせずに走り書きしていきます。思いついたことを全部書いてください。支離滅裂でまとまりがないように思えてもかまいません。途中で手を止めずに書いていきましょう。何も思いつかなければ、「なんにも思いつかない」と書いてもよいのです。とにかく書き続けること！
よければ下のミッション・ステートメントの例を参考にしてください。

スティーブン・ストロングのミッション・ステートメント
R（Religion）宗教
E（Education）教育
S（Succeeding）成功
P（Productive）生産的
E（Exercise）訓練
C（Caring）思いやり
T（Truthful）正直

**ミッション・ステートメントの下書き**

## 39 3つの注意点

「第2の習慣　終わりを考えてから始める」は、人に安易にレッテルを貼るのは偏見から生まれるひどい行為だと教えています。よく知りもしないのに、そういう人間だと早まって決めつけてしまうのです。もちろん、誰でも人生で一度や二度はレッテルを貼られるもの。しかし危険なのは、自分までもがそのレッテルを本当だと思い始めたときです。

レッテルはパラダイムのようなものです。人は自分のメガネをとおして見えているものを手にします。たとえば、あなたが誰かから怠け者のレッテルを貼られると、しだいに自分でもそうだと思い始めます。やがてそれでいいやとなり、そのレッテルを自分から現実のものにしてしまうのです。どうか忘れないでください。あなたとレッテルはイコールではないのです。

あなたが学校の廊下を歩いていると、見たことのない女の子が向こう側から歩いてきたとしましょう。

**あなたがその女の子について最初に気づくのは何でしょうか？**

**最初に気づいたことをすぐにその女の子のレッテルにしますか？ それはなぜですか？**

**その女の子を初めて見て思ったことが間違っていたら？ どうすれば頭のなかでそのレッテルをはがせるでしょうか？**

あなたはこれまで、誰かにレッテルを貼ったことがありますか？ どんなレッテルですか？

そのようなレッテルを貼ったのはなぜですか？

そのレッテルはその人に対するあなたの態度に影響しましたか? それではなぜですか?

そのレッテルはその人に何か影響を与えたかもしれないと思いますか？ どんな影響でしょうか？

## 40 現実的な目標を立てよう

目標はミッション・ステートメントよりも具体的です。たとえて言うなら、ミッション・ステートメントを食べやすい一口サイズにしたものが目標です。ミッション・ステートメントは何を達成したいかを書いたものであり、それを達成するための方法が目標です。

**あなたが達成したい目標を１つ挙げてください。**

**代償を見きわめる——その目標を達成するために、犠牲にしなければならないと思うことを１つか２つ挙げてください。**

**それらを犠牲にすることで、どのようなメリットが得られるのですか？**

**文字にする——目標をどこに書いておきますか？**

**とにかくやる——目標の達成を決意し、目標をいつも忘れずにいるために何をしますか？**

**勢いに乗る――あなたのこれまでの人生に訪れた大きな変化は何ですか？**

以下のリストを参考にしてください。

- 新学年
- 人生が変わるような体験
- 人との出会い
- 人との別れ
- 部活動への入部
- 二度目のチャンス
- 命の誕生
- 家族の死
- 記念日
- 挫折
- 発明
- 引っ越し
- 新しい季節
- 卒業
- 家族のイベント
- 転校
- 新居
- 新しいヘアスタイル

**その大きな出来事のなかで、自分について学んだことは何ですか？**

**ロープを渡す――あなたの目標の達成に力を貸してくれる人は誰ですか？**

**その人のほかに協力してくれそうな人は誰ですか？**

**目標の達成に努力するときに手本にしたい有名人は誰ですか？（歴史上の人物でも今生きている人物でもかまいません。）**

**その有名人のどんなところを見習いたいのですか？**

## 41 弱さを強さに変えよう

自分が誰か別の人間だったらいいのに、と思ったことは何度もあるでしょう。「彼女みたいな巻き毛だったら……」とか「あいつみたいにフットボールがうまかったら……」とか「あんなふうに歌えたらなあ……」とか、人をうらやむことはよくありますよね。

弱さこそ人を強くするのです。自分がほしいと思う身体的な才能、社交の才能、あるいは知的な才能が今のあなたに欠けているなら、それを手にするために努力すればいいのです。人一倍努力することによってはじめて、強さや特技が身につくのです。
こうして弱さは強さに変わるのです。

### 計画を立てる

あなたの弱さと強さを下の表に書き込みましょう。

| 私の強さ | 私の弱さ |
|---|---|
| (例) 友だちに誠実だ | (例) すぐに結論に飛びつく |
| | |
| | |
| | |
| | |

**上に挙げた弱さのうち、どれか1つを強さに変えるにはどうしたらよいでしょうか?**

強さは肉体的な力から生まれるものではない。それは不屈の意志から湧き出るのだ。
——マハトマ・ガンディー

## 42 人生は一度きりだから

「第２の習慣　終わりを考えてから始める」を身につければ、あなたの人生はすばらしいものになるでしょう。
あなたの運命はまだ何も決まっていません。すばらしい人生を歩み、足跡を残すことができるのです。何も世界を変えようなどという壮大なミッションにする必要はありません。最高の自分になるチャンスを見つけて、最大限に活かす努力をすればよいのです。

**あなたが残したい足跡は何ですか？**

**下にあるグレッグ・アンダーソンの言葉を読んでください。あなたが一番注意を向けている分野、あるいは向けたいと思っている分野は何ですか？**

**上の質問への答えは、あなたが足跡を残したい分野ですか？**

**違うのであれば、残したい足跡を残すために、どのような分野に努力を傾けますか？**

自分の注意をどこに向けるのかを知ること。それさえわかっていれば、人生に幸福を感じられる。
――グレッグ・アンダーソン

## 43 最初の一歩

リストのなかから1つか2つできそうなものを選んでください。実際にやってみた感想を誰かに話すか、学んだことや気づいたことを書いてみましょう。

1 あなたが将来キャリアで成功するために必要な3つのスキルを考えよう。もっと計画的に物事を進めること？ 人前で堂々と話すこと？ 文章力を身につけること？

2 これから30日間、自分のミッション・ステートメントを毎日読もう（習慣を身につけるにはそのくらいは必要）。何を決めるときもミッション・ステートメントを指針にしよう。

3 鏡に映る自分に問いかけてみよう――「こんな私と結婚したい？」したくないなら、自分に欠けているものを伸ばす努力をしよう。

4 学校の進路相談室に行き、どんな職業が向いているかカウンセラーに相談してみよう。適性検査を受ければ、自分の才能や能力、興味のある分野が見えてくる。

5 あなたは今、人生のどんな分かれ道に立たされているのだろうか？ 長い目で見てみよう。どの道に進むのがベストだろうか？
私の目の前にある分かれ道：
ベストの道：

6 「偉大なる発見」を友だちや家族と一緒にたどってみよう。

7 自分の目標について考えてみよう。目標を文字にしただろうか？ していないなら、今すぐやろう。書かれていない目標はただの願望にすぎないことを忘れずに。

8 誰かから悪いレッテルを貼られていないか確かめてみよう。そのレッテルを変えるために、自分にできることを考えよう。
悪いレッテル：
どう変えるか：

# 最初の一歩

## 学習日記

「最初の一歩」のなかで挑戦してみたこと、学んだことを書いてみよう。

THE SEVEN HABITS OF HIGHLY EFFECTIVE TEENS PERSONAL WORKBOOK

# 第３の習慣　一番大切なことを優先する

## する力としない力

私が時計を管理するのであって、時計に管理されてはいけない。
——ゴルダ・メイア

### 44 驚異の時間整理術

10代のあなたは多忙のはず。しかも、今の10代は過去のどんな10代よりもたくさんの決断と選択をせまられています。普段の１日はこんな感じではないでしょうか。朝は早く起きて音楽の練習、それから学校へ。大学の志望校を３つ決めて提出するのは今日までだし、奨学金の申請期限もせまっている。化学の宿題はまだ終わっていないし、放課後は部活がある。今夜はバイトも入っている。そうだ、弟にアイスクリームを食べに連れていってあげると約束していた。それから週末はデートの予定なのに、どこに行くかまだ決めていない。どこから手をつけようか？

「第３の習慣　一番大切なことを優先する」では、自分の時間を管理する習慣を身につけます。やらなければならないことをギリギリまで先に延ばすのはもうやめましょう。人は基本的に４種類の領域に時間を使っています。各領域に入るさまざまな活動は、緊急か緊急でないか、重要か重要でないかを基準に分けられています。

| | 緊　急 | 緊急でない |
|---|---|---|
| 重要 | Ⅰ<br>①先延ばしタイプ<br>・試験が明日に迫っている<br>・友だちの怪我<br>・授業に遅れる<br>・今日が締め切りの作文<br>・車の故障 | Ⅱ<br>②優先順位づけタイプ<br>・計画、目標設定<br>・１週間以内に出す作文<br>・トレーニング<br>・人付き合い<br>・リラックスする |
| 重要でない | Ⅲ<br>③イエスマン・タイプ<br>・だらだらとメールする<br>・注意散漫<br>・他人のちょっとしたトラブル<br>・仲間のプレッシャー | Ⅳ<br>④無気力タイプ<br>・フェイスブックばかり見てる<br>・長時間のゲーム<br>・だらだらしたショッピング<br>・とりとめのないうわさ話<br>・暇つぶし |

## 第Ⅰ領域：先延ばしタイプ

第Ⅰ領域（緊急で重要な用事）に時間を使いすぎている人は、ストレスがたまり、不安になるでしょう。ベストを尽くせず自己嫌悪におちいり、ほかの人たちを失望させることになるかもしれません。締切りがせまるとがぜん張り切る人もいます。土壇場になって一気にやってしまうのが快感なのです。
しかし、何もかもギリギリになってからでは、あわてることになります。せっぱつまるまで何もしようとしないのは、物事を先延ばしにしているだけ。あなたは、緊急中毒の慢性先延ばし屋でしょうか？

では、次の質問に正直に答えてください。

| | |
|---|---|
| きちんと食事をとる時間がないので、ファストフードやジャンクフードですませたり、食事を抜いたりすることが多い。 | はい　いいえ |
| 試験勉強は一夜づけだ。 | はい　いいえ |
| レポートは期限の前日に書く。読み直すことはめったにしない。 | はい　いいえ |
| 学校に遅刻することがある。待ち合わせや練習の時間に遅れることもよくある。 | はい　いいえ |
| 計画を立てたり、整理整頓したりすることが苦手だ。 | はい　いいえ |
| プレッシャーがかからないとやる気が出ないみたいだ。 | はい　いいえ |
| 何かをやりながらほかのことを考えていることがよくある。 | はい　いいえ |
| まわりの人たちや物事がのんびりしているとイライラする。 | はい　いいえ |
| 待たされたり、列に並んだりするのはきらいだ。 | はい　いいえ |
| 次から次へとあちこちかけずりまわっているような気がする。 | はい　いいえ |
| 自分の時間がほとんどない（あるいはとらない）。 | はい　いいえ |
| もっと早くから考えて行動に移せればいいのにとよく思うが、だいたいは出遅れてしまう。 | はい　いいえ |
| 友だちや家族の誕生日を忘れる。 | はい　いいえ |

「はい」の数

10～13個　重度の緊急病です。

7～9個　一般的な先延ばしタイプです。

1～6個　緊急病の芽が多少ありますが、自分でどうにかできる程度です。

## 第 III 領域 イエスマン・タイプ

第 III 領域に入る活動は「緊急ではあるけれども重要ではないもの」です。この領域に時間をかける人は、ほかの人を喜ばそうとして「ノー」と言えません。あなたが自分の時間の多くを第 III 領域で使っているなら、いわゆる「イエスマン」なのかもしれませんよ。

貴重な時間を有意義な活動に使う方法の 1 つは、自分にとってもっとも重要な優先事項を今すぐ決めることです。そうすれば、それらの優先事項のためになる活動を行えるようになります。

下の表の左側に、あなたの優先事項を 2 つ書いてください。右側には、その優先事項を達成するためにやめたほうがよい活動を書いてください。

| 優先事項 | その優先事項を達成するためにやめる活動 |
|---|---|
| (例) 奨学金をもらうこと | (例) 放課後の活動<br>パーティなどのイベント<br>テレビ<br>バイトの残業 |
| | |
| | |

## 第 II 領域：優先順位づけタイプ

第 II 領域に入るのは、リラックスする、友情をはぐくむ、運動する、先の計画を立てる、宿題をするなどの活動です。まさにこういうふうに時間を使えたらいいなと思える領域です。

「第 3 の習慣　一番大切なことを優先する」で学ぶべきポイントは、できるだけ多くの時間を第 II 領域にかけるようにすれば効果的な時間管理になるということです。

第 II 領域に使う時間を増やすには、それ以外の領域に使っている時間を減らすしかありません。

各領域に使っている時間を調べましょう。

1. **下の項目について、評価を行います。当てはまる数字を選んでください。**
2. **計算方法に従って点数を合計し、記入します。**
3. **各領域の得点を得点表の「得点」の欄で見つけ、それに対応するパーセンテージを「%」欄で確認します。**
4. **各領域のパーセンテージを、次ページの「時間領域」の図に記入します。**

[1 =全然していない　5 =いつもそうしている]

| | | |
|---|---|---|
| 1 | 私は普段、問題を解決するために行動を起こしている。 | 1 2 3 4 5 |
| 2 | 私は普段、学校の勉強を頑張っている。 | 1 2 3 4 5 |
| 3 | 私は普段、友だちが電話をかけてきたり家にやってきたりすると、そのときにやっていることを中断して一緒に出かけている。 | 1 2 3 4 5 |
| 4 | 私は普段、テレビを見たり、ゲームをしたり、ネットサーフィンをしたりすることが多い。 | 1 2 3 4 5 |
| 5 | 私は普段、緊急の用事に追われてばかりいる。 | 1 2 3 4 5 |
| 6 | 私は普段、兄弟や家族とすごすようにしている。 | 1 2 3 4 5 |
| 7 | 私は普段、ほかの人から頼まれたことを断らずにやることが多い。 | 1 2 3 4 5 |
| 8 | 私は普段、友だちと外出したり、おしゃべりしたりしてすごすことが多い。 | 1 2 3 4 5 |

質問 1 と 5 の合計（第 I 領域）　＿＿＿＿＿＿＿＿ 点
質問 2 と 6 の合計（第 II 領域）　＿＿＿＿＿＿＿＿ 点
質問 3 と 7 の合計（第 III 領域）　＿＿＿＿＿＿＿＿ 点
質問 4 と 8 の合計（第 IV 領域）　＿＿＿＿＿＿＿＿ 点

得点表

| 得点 | 2 | 3 | 4 | 5 | 6 | 7 | 8 | 9 | 10 |
|---|---|---|---|---|---|---|---|---|---|
| % | 5 | 10 | 15 | 20 | 25 | 30 | 35 | 40 | 45 |

時間領域

| | 緊　急 | 緊急でない |
| --- | --- | --- |
| 重要 | I　□ %<br>緊急事態だ。やらないとまずいことになる。 | II　□ %<br>私の人生の夢と目標を実現するために重要だ。 |
| 重要でない | III　□ %<br>緊急事態に見えるけれど、やらなくともどうってことない。 | IV　□ %<br>それほど重要じゃないし、緊急でもない。暇つぶし。 |

## 45 フランクリン・プランナーを手に入れよう

「第3の習慣　一番大切なことを優先する」では、あなたにとって一番大切なこと（最優先事項）が最後ではなく最初にできるように活動の優先順位をつけ、時間を管理することを学びます。あなたはもう立派な目標を立て、やる気満々でいるかもしれません。でも、それを実行に移すこと、つまり最優先事項を優先するのは、じつはとても難しいのです。

一番大切なことを優先するには、恐怖心を克服し、つらいときでも気持ちを強く持って頑張ることも必要です。「第3の習慣」は、「する力」（自分にとって一番大切なことにイエスと言える強さ）と「しない力」（あまり大切ではないことや、仲間のプレッシャーにノーと言える強さ）の習慣です。

一番大切なことを実行するためにとても役立つ手帳が、フランクリン・プランナーです。フランクリン・プランナーはあなたの計画・実行をサポートし、行動を習慣化することで、大きな成果を得ることができるようになります。

## 活動の時間を考えよう

1. 下の表にある各活動について、普段の1週間に何時間くらい使っていると思うか記入してください。

| 活動 | 時間 |
|---|---|
| 学校の授業 | |
| 雑用 | |
| 課外活動（塾、部活など） | |
| 宿題 | |
| 着替え／入浴 | |
| 食事 | |
| 約束して誰かと会う | |
| 睡眠 | |
| 娯楽 | |
| 家族とすごす | |
| 友だちとすごす | |
| 勉強 | |
| 旅行 | |
| ボランティア | |
| バイト | |
| そのほか（　　　　　　） | |
| そのほか（　　　　　　） | |
| そのほか（　　　　　　） | |
| 合計 | |

**時間はかぎられているのに、毎日の用事が多すぎると感じませんか？**
**あなたの時間のほとんどを占めている用事は何でしょうか？（学校、テレビ、読書、外出）**

**普段の日のほとんど占めている用事は、あなたにとって一番大切なことですか？**

**時間をムダにしていると思う用事は何でしょうか？**

日々の生活にはこんなにたくさんの用事があります。それを全部やらなければならないのであれば、プランナー（手帳）を活用するとよいでしょう。学校の課題、約束、To-Do リスト、デート、目標を書き込んでおけば、どれかを忘れてしまうこともありません。

## 46 週ごとにプランを立てる

毎週毎週、やらなければならない大切なことがありますよね。大事な試験に向けて勉強したり、読書の課題を終わらせたり、友だちの試合を応援に行ったり、運動したり、発表会やコンサートの練習をしたり、バイトの面接を受けたり。このような用事はあなたにとって「大きな石」です。その週のうちにやらなければならない一番大切なことです。

「第3の習慣　一番大切なことを優先する」では、最初に「大きな石」の予定を計画しておけば、ほかのすべての用事も1週間のなかに収まることを学びます。つまり、大きな石だけでなく小さな石（あまり重要ではない用事）もこなせるようになるのです。

### 大きな石を決める

週の始めか終わりに15分ほど時間をとり、これからの1週間に達成したいことを決めましょう。「私がやらなければならない一番大切なことは何か？」と自分に問いかけてください。その答えがあなたの「大きな石」です。それらは、「第2の習慣」で書いたミッション・ステートメントに従って生活し、長期的な目標を達成するために必要な小さな目標です。

**あなたの来週の大きな石は何ですか？**

**それらの大きな石をどのようにして1週間に組み込みますか？ 次ページの1週間のスケジュールに、あなたなりの計画を書いてください。**

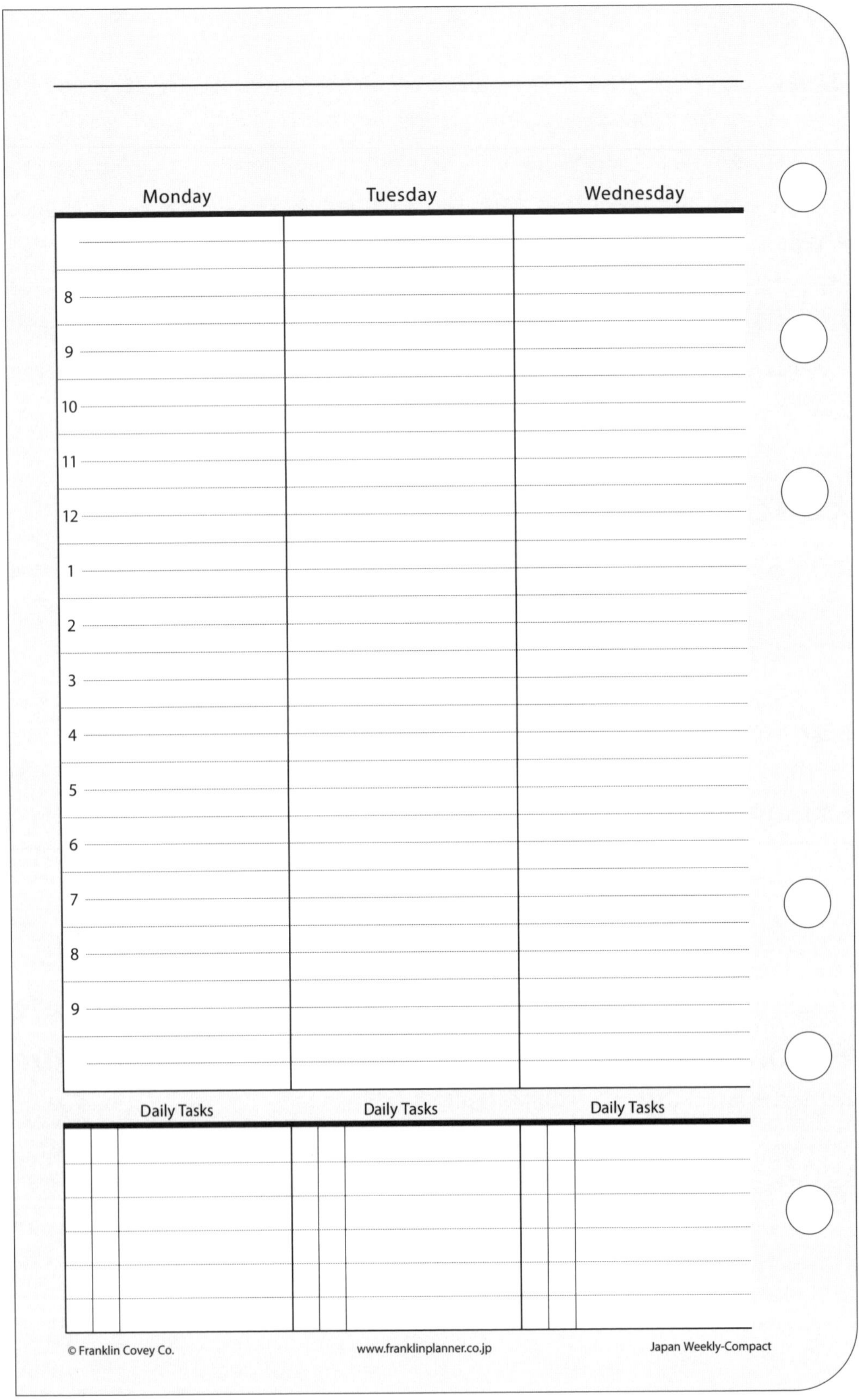


フランクリン・プランナーのデイリー・リフィル

マンスリーフォーカス:
豊かさ
この世は多くの資源や
機会に恵まれていると
考えて生きなさい。

われわれは、なりたくないものに突然なるのではない。
ウィリアム・J・ベネット

| Thursday | Friday | Saturday |
|---|---|---|
| | | |
| | | |
| 8 | | |
| 9 | | |
| 10 | | |
| 11 | | |
| 12 | | |
| 1 | | |
| 2 | | |
| 3 | | Sunday |
| 4 | | |
| 5 | | |
| 6 | | |
| 7 | | |
| 8 | | |
| 9 | | |
| | | |

| Daily Tasks | Daily Tasks | Daily Tasks |
|---|---|---|
| | | Sat |
| | | |
| | | Sun |
| | | |

## 47 自分の役割を考えよう

あなたは日々の生活のなかでたくさんの役割をはたしています。生徒、兄弟姉妹、息子・娘、友だち、部活のメンバー、孫、バイト先の従業員などです。

「第３の習慣　一番大切なことを優先する」では、自分の重要な役割を明確にし、それぞれの役割でやるべきことを１つか２つ決める習慣を身につけます。

自分の役割を中心にしてプランを立てると、バランスのとれた生活が送れるようになります。１日のプランを立てるときには、自分の役割を考えましょう。そうすれば、あなたにとって一番大切なことに時間を使えるようになり、すばらしい結果が得られるはずです。

### それぞれの役割の目標を決める

日々の生活のなかで、あなたにはどのような役割がありますか？（例：生徒、友人、家族の一員、従業員、ディベート部のメンバーなど）

1. 下表の左側の欄に、あなたの一番大切な役割を書いてください。
2. 「今週、この役割で大切なことを１つやるとしたら、何だろう？」と自分に問いかけてみましょう。
3. その答えを右側の欄に書きます。

| 役割 | その役割での大きな石 |
|---|---|
| (例) 生徒 | (例) 化学の試験のために勉強する |
| (例) 家族の一員 | (例) おばあちゃんの家に行く |
| | |
| | |
| | |
| | |

週ごとのプランを立てるときは、それぞれの役割の「１つの活動」をする時間をプランナーに確保しておきましょう。たとえば、おばあちゃんに電話するなら日曜の午後、というように決めます。その予定をプランナー（手帳）に書き込みます。これは予約をするようなもの。目標を実行する時間を決めていなければ、実行できる見込みは低

くなるのです。

## 48 先のことを計画する

1. 終わりを考えてから始められるようになるために、今から 10 年後、家族の集まりや高校の同窓会で親しい人たちと会っている自分を想像してみてください。その人たちが久しぶりに会ったあなたに何か言うとしたら、何と言ってほしいですか？
2. 次のページの表に、その人たちの名前とあなたとの関係を左側の欄に書きます（例：家族、友人、クラスメート、バイト先の同僚、地域のリーダー、先生など）。
3. 右側の欄には、あなたについて言ってほしいことを書いてください（今のあなたの態度や行動とは違っていても、その人に何と言ってほしいのかを書きます）。

| 人物 | あなたについて言ってほしいこと |
|---|---|
| （例）ジェーン、親友 | （例）私がつらいときは必ずそばにいて励ましてくれたわよね。 |
| | |
| | |
| | |
| | |

大切な役割のなかで、もっと力を入れたいと思う役割は何ですか？

その役割をもっと意識するために、今週行うことを１つ挙げてください。

## 49 第３の習慣の残りの半分

時間の管理だけが「第３の習慣」なのではありません。それではまだ半分です。もう半分は、仲間のプレッシャーをはねのけるすべを学ぶことです。なにしろ、仲間のプレッシャーというのは手ごわいものなのです。
友だちが皆「イエス」と言っているのに、自分だけが「ノー」と言うのですから、大変な勇気がいります。仲間のプレッシャーが強すぎて、抵抗するにはその場から逃げ出すしかない場合もあります。

### あなたの一番大切なことを見つけよう

あなたの生活で優先すべき３つのことを挙げてください。

1

2

3

その３つのなかで、あなたにとって一番大切なのはどれですか？

それが一番大切なのはなぜですか？

その一番大切なことを最優先しようとするとき、仲間のプレッシャーはどのような影響を与えるでしょうか？

あなたは仲間のプレッシャーをどのようにはねのけますか？（あなたのとる行動を書いてください。）

終わりを考えてから始めると、一番大切なことを最優先できるのはなぜだと思いますか?

たとえ自分１人でも、自分の信念を初めて貫いたときの体験を書いてください。

それでどうなりましたか？

## 50 恐怖に決定をゆだねないで

世の中はありとあらゆる不健全な感情に満ちあふれていますが、そのなかでも最悪なのは恐怖心でしょう。恐怖心のせいで自分のベストを尽くせずに終わってしまった経験はあなたにでもあるはずです。

恐怖心は「きみにはできないよ」とか「あの子たちはきみを嫌っているかもしれないよ」とささやきかけます。恐怖心を持ってしまうと、授業に出なくなったり、友だちをつくろうとしなくなったり、チームスポーツをさけるようになったります。とても残念なことです。

恐怖心に負けそうになったときには、この言葉を思い出してください。

**「恐怖に決定をゆだねてはだめだ。おまえ自身が決めるんだ」**

恐怖心を乗り越えて行動するのは決して簡単なことではありません。でもあとになって、勇気を出してやってよかったと思えるのです。

### 自分の恐怖心と向き合おう

何の不安もなく簡単に行えることは何ですか？

あなたにとっては簡単にできることでも、ほかの人は難しく感じる、あるいは恐怖心を感じることは何だと思いますか？（例：友だちをつくる、スケートボードなど）

恐怖心があって、ためらってしまう行動は何ですか？

**あなたにとって、行うのに勇気が必要なことは何ですか？**

**その恐怖心に立ち向かったとき、起こりうる最悪のことは何でしょうか？**

**その恐怖心に立ち向かったとき、起こりうる最高のことは何でしょうか？（重荷から解放されたとき、どんなに気分がよいか想像してみてください。）**

恐怖心があると、いつもの快適なゾーンにとどまろうとします。思い切って勇気ゾーンに飛び込んでいきましょう。

**勇気ゾーンに入ろうとするあなたを引き戻すものは何ですか？**

**今日、快適ゾーンの外にあることで実行しようと思っていることを１つ挙げましょう。**

## 51 成功の共通点は何？

一番大切なことを優先するには自制心が必要です。自分の時間を管理するには自分を管理しなければならないのです。恐怖心を克服し、厳しい場面で仲間のプレッシャーに抵抗するには自分を鍛えなくてはなりません。

アルバート・E・N・グレーという人は、成功した人たちの研究に何年も費やし、成功者たちの共通点を見つけました。何だと思いますか？ 成功するために着飾っていたわけではありませんし、人一倍食物繊維をとっていたわけでもありません。ポジティブ思考ですら共通点ではありません。

> 成功者たちの共通点は、成功していない人たちのいやがることを実行に移す習慣を身につけているということである。彼らにしてみても、必ずしも好きでそれを行っているわけではないが、自らのいやだという感情をその目的意識の強さに服従させているのだ。
> ——アルバート・E・N・グレー

## 52 成功を目指す

**大変な努力あるいは大きな犠牲を必要とすることで、あなたが達成したいことは何ですか？（例：コンサート・ピアニストになる、新しい技術を発見する、など）**

**その目標を達成するためにしなければならない５つのステップを書きましょう。（例：コンサート・ピアニストになることが目標なら、毎日練習する、発表会で演奏する、暗譜する、コンクールに出場する、勉強する、というように書くとよいでしょう。）**

1

2

3

4

5

その目標を達成した自分を想像してみてください。あなたはどのようになっているでしょうか？（何をしているか、誰と一緒にいるかを書きましょう。）

## 53 最初の一歩

リストのなかから1つか2つできそうなものを選んでください。実際にやってみた感想を誰かに話すか、学んだことや気づいたことを書いてみましょう。

**1** 自分にあったプランナー（手帳）を見つけて、1カ月間の目標を決めよう。そのプランを実行する努力をしよう。

**2** 自分の最大の時間のムダをつきとめよう。電話やネットサーフィンをしたり、テレビのお笑い番組を見たりするのに2時間もかけていて、本当によいのだろうか？
私にとって最大の時間のムダ：

**3** あなたは何に対しても、誰に対しても「イエス」と言ってしまう「イエスマン」ではないだろうか？ もしそうなら、すべきではないことには勇気を出して「ノー」と言おう。

**4** 1週間後に大切な試験があるのなら、勉強を前日まで先延ばしにしない。今日から毎日、少しずつ勉強しよう。

**5** あなたにとって大切なことなのに、ずっと先延ばしにしていたことはないだろうか？ 今週、それを実行する時間を確保しよう。
私がずっと先延ばしにしてきたこと：

**6** 来週、あなたにとって一番大切な「大きな石」を10個書き出す。それを1個ずつ実行するための時間を確保して、プランナーに書いておこう。

**7** 目標に向かって一歩を踏み出せずにいるなら、その原因は何だろう？ あなたをためらわせている恐怖心をつきとめよう。そして、今すぐに快適ゾーンから出て、自分のベストを尽くすのをはばんでいる恐怖心を追い出してしまおう。
私をためらわせている恐怖心：

**8** あなたは仲間のプレッシャーをどのくらい感じているだろう？ あなたにもっとも影響を与えている人やグループは？「私は自分がやりたいと思うことをやっているだろうか、それともほかの人が私に望んでいることをやっているのだろうか？」と自分に問いかけてみよう。
私にもっとも影響を与えている人、グループ：

## 学習日記

「最初の一歩」のなかで挑戦してみたこと、学んだことを書いてみよう。

# 人間関係信頼口座
# 人生を形作る材料

## 54 人間関係にも信頼口座がある

このワークブックの最初のほうで「自己信頼口座」のことを話しましたね。これはあなたが自分をどのくらい信頼しているか、自分にどのくらい自信があるかを表すものです。

ここでは「人間関係信頼口座」を紹介しましょう。こちらはあなたがまわりの人をどのくらい信頼しているか、その人との信頼関係がどのくらい強いのかを表します。

人間関係信頼口座は銀行口座のようなものです。預け入れをすれば、残高が増えて人間関係は良くなるし、引き出しをしたら、残高は減って関係は悪くなります。

では、残高がたっぷりある人間関係信頼口座にするにはどうしたらよいのでしょうか？ 預け入れは1度に1回きり。人間関係信頼口座は自己信頼口座と少し違うところが2つあります。まず、あなたとしては預け入れのつもりで行ったことが、その相手にとっては預け入れではないかもしれません。たとえば、ダイエットをしている人にチョコレートを買ってあげても、預け入れにはならないでしょう。もう1つの違いは、預け入れにしろ引き出しにしろ、その大きさを決めるのは相手であって、あなたではないことです。

何が預け入れになり、何が引き出しになるかは相手によって違うことがよくあるのですが、誰に対しても同じ結果になる預け入れと引き出しの例を挙げておきましょう。

やさしい言葉1つで冬中暖かい。 ――日本のことわざ

| 預け入れ | 引き出し |
|---|---|
| 約束を守る | 約束をやぶる |
| 小さな親切をする | 人と関わらない |
| 誠実 | うわさ話をする、人の秘密を言いふらす |
| 人の話に耳を傾ける | 人の話を聞かない |
| 自分が悪ければ謝る | 人を見下す |
| 相手に期待することをはっきりと話す | 本音を言わない |

**あなたの人間関係信頼口座に誰かが預け入れしたもののなかで、これまでもっとも大きかったのは何ですか？**

**あなたの人間関係信頼口座の残高はどうなっているでしょうか？（誰かふたりの名前を書き、それぞれの人について残高がプラスいくらぐらいか、またはマイナスいくらぐらいになっていると思うか書きましょう。）**

| 名前 | ¥　+または− |
|---|---|
| | |
| | |

上に書いた人たちに、「これはあなたとの人間関係信頼口座の残高なのだけれど、どう思う？」と質問したら、どんな答えが返ってくると思いますか？ あなたと同じように感じているでしょうか？

次の人たちとの関係を良くするために、あなたにできることは何ですか？

**友だち：**

**兄弟：**

**両親（保護者）：**

先生：

ガールフレンド／ボーイフレンド：

## 55 約束を守ろう

人間関係信頼口座の残高を増やすには、自分の責任をはたし、約束を守ることが不可欠です。自分がやると言ったことは、必ず実行しなければなりません。
約束を守れないのは、たいていの場合、そもそもすべきではない約束をしてしまうからです。その日は塾があるのに、友だちと遊ぶ約束をしてしまうこともあります。いくつかの約束が重なってしまったことに気づいたら、できるだけ早く謝って、自分で招いたトラブルを解決する努力をしましょう。

### やぶった約束を修復しよう

誰かとの約束をやぶったときのことを書いてください。どのようなことが起こりましたか？

その人との信頼関係は取り戻しましたか？

取り戻したのなら、どのようにして取り戻したのですか？（あなたが行ったことを書いてください。）

取り戻していないなら、どうすれば取り戻せるでしょうか？（あなたが行おうと思っていることを書いてください。）

誰かがあなたとの約束をやぶったときのことを書いてください。どのようなことが起こりましたか？

約束がやぶられて、あなたはどんな気持ちでしたか？

## 56 小さな親切をしよう

小さな親切はとても簡単なことですが、積み重ねれば、人間関係信頼口座への大きな預け入れになります。小さな親切をたくさん行いましょう。あなたがほかの人のために行える小さな親切は何でしょうか？

誰かがあなたに小さな親切をしてくれたときのことを書いてください。どのような親切でしたか？ あなたはどう感じましたか？

改善したいと思っている人間関係はありますか？ 誰との関係ですか？

1.
2.
3.

その人にしてあげられる小さな親切は何ですか？

1.
2.
3.

今日、あなたが顔を会わせる人たちに対してできる小さな親切を書きましょう。思いつくかぎりどんどん書いてみてください。

## 57 誠実さ

「人間関係信頼口座」の章では、健全な人間関係を長く保つには誠実さが不可欠であることを学びます。誰かのうわさ話をしたり、秘密を言いふらしたりしたら、その人の評判が大きく傷つきかねません。秘密にしておいてほしいと頼まれたら、必ず守ること。誰かがうわさ話を始めたら、やんわりと断ってその場を離れましょう。

### あなたの誠実度は？

もっとも当てはまるものに丸をつけてください。

1. 友だちがあなたの知っている人のうわさ話を始めたら、内心でどう思いますか？
   a.「それ、本当かどうかわからないよ。いいほうに解釈してあげないと」
   b.「こんな会話、いやだな。私はあの子のことが好きだから、この話にはのりたくない。かばってあげなくちゃ」
   c.「このうわさが本当かどうかわからないけれど、皆でこういう話をするのはすっごく楽しい。ここであの子をかばったりしたら、雰囲気が悪くなっちゃう」
   d.「この場を立ち去ったほうがいいかも」

2. あなたがうわさ話をしている人のことを誰かがかばったら、内心でどう思いますか？
   a.「シラけるなあ！ こんなに盛り上がっているのに！」
   b.「かばってあげるなんて、いいやつだな。やっぱり悪口なんか言わないほうがいいよなあ」
   c.「こいつ、自分が話題の中心じゃないからひがんでるんだろ」

3. うわさ話についてどう思いますか？
   a. 誰にも迷惑のかからない楽しみ。友だちとの暇つぶし。
   b. その場にいない人にとってフェアじゃない。私だって、かげでうわさされるのはいやだ。
   c. 皆でいるとき、皆の注目を集めるようなことを言いたくても、何も話題が見つからないときに会話を埋めるための手段。

4. 誰かから何かを打ち明けられて、「秘密にしておいてほしい」と言われたら、どうしますか？
   a. 絶対に誰にも言わない。
   b. 本当に秘密にしてほしいのなら、私にだって言わないはずだから、秘密じゃないと思う。
   c. 誰にも言っちゃだめだよ、と念をおして、親友だけに話す。

5. うわさ話はどのような影響を及ぼすと思いますか？
   a. 不信感が生まれると思う。友だちが誰かのうわさ話をしたら、私がいないときに私のこともうわさしているんじゃないかと疑ってしまう。
   b. 友だちに誠実でいられなくなる。うわさ話をするような人だと思うと軽蔑してしまうから。
   c. 信頼を失うと思う。友だちに何でも話せなくなる。私の秘密も言いふらされるのではないかと心配で。
   d. 悪い影響なんかない。誰だってただのうわさ話だとわかっている。真に受ける人なんかいない。

「偉大な人間は思想を語り、凡庸な人間は出来事を語り、狭量な人間は人のうわさする」ということわざを聞いたことがありますか？ 上の質問へのあなたの答えを振り返ってみてください。あなたはどの位置にいるでしょうか？ 自分には改善の余地があると思いますか？ 何人かが集まって話していると、つい誰かのうわさ話になってしまうのは、会話を埋めるのにてっとり早いからということもあるでしょう。
だからといって、それでいいわけがありません。仲間との共通の興味を考えて、その話題を出してみましょう。うわさ話よりずっと有意義な会話であることに気づくはずでしょう。仲間の皆も、その場にいない人を傷つける後ろめたさを感じることもなくなり、リラックスして会話を楽しめるはずです。

## 58 人の話に心から耳を傾ける

人の話を真剣に聞くことは、たった1回で大きな預け入れになります。相手の話に耳を傾けるのは、相手を思いやっていることの表れです。自分のまわりの人たちの話をきちんと聞き、思いやれば、長続きする友情を築くことができるのです。

### あなたは聞き上手？

あなたが話しているとき、相手が真剣に聞いてくれていることは、どんな様子から感じとれますか？

ほかのことをしながら人の話を真剣に聞くことはできない。
——M・スコット・ペック博士

相手が上の空で、あなたの話を聞いていないことは、どういう様子からわかりますか？

誰かの話を聞いているとき、真剣に聞いていることが相手に伝わるように、どのような態度を示しますか？

人の話を真剣に聞くことは、人間関係信頼口座への預け入れになると思いますか？それとも引き出しになると思いますか？ また、それはなぜですか？

誰かとの人間関係信頼口座に影響があったときのことを書いてください。どういう状況だったのですか？

## 59「ごめんなさい」と言おう

自分が悪かったとき、すぐに謝れば、人間関係信頼口座から引き出した分をすぐに埋め合わせられます。過剰に反応して大声をあげたり、つまらないミスをしたりしたときは、すぐに謝るのが一番です。誰でもミスはするし、誰もあなたに完璧を求めてはいません。

謝るのは意外と簡単なことなのですから、へんにプライドにこだわってはいけません。ミスを認めて謝れば、相手の態度もやわらぎ、状況は好転するものです。次に何か間違ったことしたときは、ためらわずに「ごめんなさい」と言ってみましょう。その結果にきっと驚くはずです。

### 「ごめんなさい」を実践しよう

自分のしたことで謝ったときのことを書いてください。

謝ったあと、どんな気持ちでしたか？

誰かが何かして、あなたに謝ったときのことを書いてください。

その人が謝ったあと、あなたはどんな気持ちになりましたか？

「ごめんなさい」と言うのは難しいですか、簡単ですか？

難しいと思うなら、その理由は？

簡単だと思うなら、その理由は？

### ありのままに話そう

どうとでもとれることを言ったり、本音ではないことや起こりそうにもないことをほのめかしたりせず、相手に期待することを明確に伝えることが大切です。
たとえば、つき合う相手を特定の１人に決めたいわけではないなら、誰かと初めてデートするときには、自分はまだほかの人ともデートしたいのだということを知らせておくべきです。
新しいバイトを始めるときは、夜遅くまでは働きたくないことを上司にきちんと伝えておきましょう。新しい人間関係を築くときや新しい環境に入るときは、自分が何を期待しているのか、最初のうちに全部伝える機会を持ったほうがいいでしょう。そうすれば相手もあなたと同じ理解に立って物事が進みます。自分の本音をありのままに話すほうが、ほかの人との信頼関係を築けるのです。

## 60 最初の一歩

リストのなかから１つか２つできそうなものを選んでください。実際にやってみた感想を誰かに話すか、学んだことや気づいたことを書いてみましょう。

### 約束を守ろう

**1** 今度、夜に外出するときは、何時までに帰宅するか家族に約束し、それを守ろう。

**2** 今日１日、何かを約束するときは、一時停止ボタンを押して、守れるかどうかよく考えてみよう。守れないのに「今夜電話するよ」とか「今日一緒にランチに行こう」とか言わないこと。

### 小さな親切をしよう

**3** 今週、ユニセフや恵まれない人のための募金に協力しよう。

**4** ずっと前から感謝の気持ちを伝えたいと思っていた人に、お礼のカードを書こう。
感謝の気持ちを伝えたい人：

**誠実になろう**

5　どうしてもうわさ話をしてしまうのはどんなときか、どんな場所か、具体的に考えてみよう。決まった友だちと一緒のとき？ ロッカールーム？ ランチのとき？ うわさ話をしないようにするための方策を考えよう。

6　今日はまる１日、ほかの人の良いことだけを言うように努力しよう。

**人の話に心から耳を傾けよう**

7　今日はあまりしゃべらないようにして、人の話をよく聞く１日にしよう。

8　あなたが普段話をあまり聞いていない家族は誰だろう？ 妹？ お兄さん？ おじいちゃん？ 今日は特別に時間をとって、その人の話を聞こう。

**「ごめんなさい」と言おう**

9　今晩寝る前に、今日誰かにひどいことを言ったりしなかったか振り返ってみよう。もしかして傷つけたかもしれない人に、簡単でいいから謝罪の手紙を書こう。

**ありのままに話そう**

10　誰かとのあいだで、お互いが思っていたことに食い違いができていないだろうか？ もしそういうことがあるなら、誤解をただす方法を考えよう。

最初の一歩

# 学習日記

「最初の一歩」のなかで挑戦してみたこと、学んだことを書いてみよう。

THE SEVEN HABITS OF HIGHLY EFFECTIVE TEENS PERSONAL WORKBOOK

# 第4の習慣　Win-Winを考える
## 人生は食べ放題のレストラン

お互いの人生を生きやすくするためでないとしたら、人は何のために生きるのだろうか？
――ジョージ・エリオット

## 61 Win-Lose――人生は勝ち負け？

「第4の習慣　Win-Winを考える」では、まずWin-Loseを学びます。Win-Loseとは、成功というパイはとても大きいのに、大きな一切れを誰かがとってしまったら、ほかの人には少ししか残らないと考えて人生を送る態度です。Win-Loseの態度には競争原理が働いています。人間関係や友情や誠実さよりも、ゲームに勝つこと、一番になること、自分のやり方を押し通すことのほうが大事なのです。しかし結局のところ、Win-Loseはかならず裏目に出ます。トーテムポールのてっぺんまで登りつめることはできるかもしれませんが、そこに友だちはいません。自分は独りぼっちだと気づくのです。

**自分が勝つことしか考えていないWin-Loseタイプの人は――**

- 自分の目的のために人を利用する。
- 人を押しのけてでも前に進もうとする。
- 人のうわさを言いふらす。
- 人の気持ちを考えずに自分のやり方を押し通す。
- 身近な人にいいことがあるとねたむ。

**あなたがWin-Loseの態度だったときのことを書いてください。**

そのとき、あなたはどんな気持ちでしたか？

## 62 Win-Win に変わろう

新聞や雑誌から Win-Lose の例だと思う記事を探して、下のスペースに貼りましょう。

**その記事で取り上げられている人は、どうすれば Win-Lose の態度を Win-Win に変えられるでしょうか？**

**どちらも Win-Win の態度であったら、結果はどう違っていたと思いますか？**

## 63 Lose-Win——ドアマット症候群

ドアマットは何の役に立っているのでしょうか？ 靴の汚れを落とすことだけですよね。ドアマットの目的は、人に奉仕することだけ。仕事をしても何の見返りもありません。踏みつけにされるだけなのです。

Lose-Win の態度でいると、あなたはほかの人たちのドアマットになってしまいます。Lose-Win タイプの人は自分で自分の価値をおとしめ、あるいは自分に何も期待していません。しょっちゅう自分の信念を曲げ、自分の価値基準に反する行動をとるのです。こんなことをして何が楽しいのでしょう？
もちろん、負けることだってあります。たいした問題ではないのなら、自分から折れて、Lose-Win にしてもかまわないでしょう。でも自分が信じることや、自分にとって一番大切なものが問題になっているのなら、それは守らなくてはなりません。

**ドアマット症候群の Lose-Win タイプの人は——**

- 自分への期待値が低い。
- 自尊心が低く、自分の価値を自覚していない。自分に十分な能力があると思っていない。
- 自分の価値基準を何度でも曲げる。
- 仲間のプレッシャーに負ける。
- 自分が我慢すれば丸くおさまるからと自分に言い訳して、踏みつけられるままになってしまう。

**あなたが Lose-Win の態度だったときのことを書いてください。**

**そのとき、あなたはどんな気持ちでしたか？**

**どうすればその状況を Win-Win に変えることができたでしょうか？ どんな行動をとれたと思うか書いてください。**

## 64 Lose-Lose——らせん降下

リベンジというのは、甘い誘惑です。誰かに傷つけられたら、仕返しをしたくなるのは自然な感情でしょう。ゆるすよりも仕返しするほうがずっと簡単です。仕返しをすれば勝ったように思えるかもしれません。でも、じつは自分を傷つけているだけなのです。

Lose-Lose タイプの人の目的はリベンジです。どんな犠牲を払っても勝とうとし、相手に悪い意味でこだわるのです。「こっちが負けるなら、そっちも道連れにしてやる」という思考回路です。

お互いが絶対に勝ってやると思っているうちに、どちらも敗者になる流れ。結局は何も残らないのです。

**らせんを降下していく Lose-Lose タイプの人は——**

- リベンジしようとする。
- どんな犠牲を払ってでも勝とうとする。
- 悪い意味で他人にこだわる。
- 相手に依存しすぎるあまり、束縛したりして感情的に傷つけ合う人間関係になりがち。

**あなたが Lose-Lose の態度だったときのことを書いてください。**

**そのとき、あなたはどんな気持ちでしたか？**

## テレビで Lose-Lose を見てみよう

**好きなテレビドラマを見て、その番組で見つけた Lose-Lose の例はどのようなものですか？**

**Lose-Lose の態度はほかの登場人物や状況にどのような影響を与えていましたか？**

Lose-Lose の態度は Win-Win に変わりましたか？ なぜ変わったのですか／変わらなかったのですか？ 変わったのなら、どのようにして？

Lose-Lose の例を 1 つ選び、それを Win-Win に変えるにはどうすれば考えてみましょう。（その例が番組のなかで Win-Win に変わったのであれば、Win-Win に変える別の方法を考えてみてください。）

次の 1 週間、Win-Win の態度でのぞむことが必要な状況を 1 つ挙げてください。その場面で Lose-Lose の態度にならないように、Win-Win を考える準備をしておきましょう。

その状況で Win-Win を考えられるようになるために、あなたにできることは何ですか?

## 65 Win-Win——食べ放題のレストラン

Win-Win を考えるというのは、「私も勝ち、あなたも勝つ」という人生観です。私かあなたかではなく、2人ともなのです。ほかの人が先に行けるように手助けすることによって自分も一緒に先に行く。そのための土台が Win-Win を考える態度です。

**Win-Win タイプの人は——**

- ほかの人の成功を喜ぶ。
- ほかの人が成功するよう手助けする。
- 「お互いに豊かに」と考える。
- 手柄を皆で分かち合う。
- 人生は食べ放題のレストランと考える。

**あなたが Win-Win の態度だったときのことを書いてください。**

**そのとき、あなたはどんな気持ちでしたか？**

### Win-Win の考え方を応用しよう

**あなたにとって Win-Win を考えるのが一番難しいのはどんなときですか？**

あなたにとって Win-Win を考えるのが一番簡単なのはどんなときですか？

Win-Win を考えると、どのような良いことがありますか？

あなたの人間関係に Win-Win を応用できる５つの場面を挙げてください。

1

2

3

4

5

## 66 まずは「私的成功」を目指そう

人生に競争はつきものです。学校でも、スポーツの試合やコンクール、生徒会長の選挙など、いろいろな競争が行われています。さらに、このように勝ち負けがはっきりとつくようなイベント以外の競争もあります。人よりいい成績をとりたい、人より注目を集めたいと思うのも競争です。自分自身にチャレンジし、自分のベストを出そうとする競争なら健全ですし、その競争のなかでWin-Winを考えられるようにもなります。

では、勝利を手にできるのが1人だけ、あるいは1チームだけという状況でWin-Winを考えるにはどうしたらいいのでしょうか？ それは、まず「私的成功」から始めることです。

私的成功とは、自制心を身につけ、自分に勝つことです。ベストを尽くすこと、そして失敗から学ぶことです。競争を人よりも上に立つ手段にして、勝ちにこだわっていたら、競争は不健全なものになり、Win-Loseのらせん降下に入り込んでしまいます。すべての競争で勝てるわけではありません。しかし競争に負けても私的成功を達成できれば、あなたは勝者なのです。

**あなたが競争しているのは、どのような場面ですか？勉強？部活動？ゲーム？**

**その競争がWin-Winからかけ離れ、ひどい状況になるのはどんなときですか？**

**先に挙げた競争の場のうち２つを選んで、下の表に記入してください。勝ち負けに関係なく、それぞれの状況でどうしたら私的成功を勝ち取れるか考えましょう。**

| 競争 | 私的成功 |
|---|---|
| 1. | |
| 2. | |

## 67 ２大悪習にご用心

「第４の習慣　Win-Winを考える」では､「２大悪習」をよせつけない方法を学びます。２大悪習とは**競争**と**比較**です。まるでガンのように、内側からゆっくりと人の心をむしばむ悪習です。競争と比較にこだわっていたら、Win-Winを考えることはまず無理です。
場合によっては、競争はきわめて健全なかたちで作用します。向上心が芽生え、自分の能力をもっと伸ばそう、自分がどこまでできるかチャレンジしよう、という前向きな態度になります。しかし人との競争に勝てば自分の価値が上がると思い込んだり、競争を人の上に立つ手段にしたりしたら、それは不健全な競争以外の何ものでもありません。
自分を他人と比較するのは、ほとんどの場合、百害あって一利なし。社会的な側面、知的な側面、肉体的な側面、どれをとっても成長のプロセスは千差万別、人それぞれ違うのです。人と比べて自分の人生の良し悪しを判断するのは、まさに悪習です。

自分の普段の行動を振り返り、比較と競争で物事を考えていないか確かめてみましょう。次の質問について正直に考え、自分にもっとも当てはまるものに丸をつけてください。

**1.　テストで誰かがいい点をとったら、あなたはどう思いますか？**
- **a.　きっとしっかり勉強したんだ。えらいな。**
- **b.　あの子がいい点とるのはあたりまえ。勉強しかすることないんだから。**
- **c.　あんな点数、私には絶対とれない。そんなに頭がよくないから。**

2. スーパーのレジに並んでいると、雑誌が目に入りました。表紙は有名人の写真です。あなたはどう思いますか？
   a. すごいなあ。ああなるまでにはすごく努力したんだろうな。見習いたい。
   b. トレーナーとか栄養士とか雇ったり、美容整形したり、エクササイズマシンを買ったりするお金があるから、あんなふうになれるんだよ。
   c. どんなにお金をかけたって、僕はあんなふうにはなれないよ。もとがカッコ悪いもん。

3. ジムに行ったら、地元の大学のアスリートたちがバスケットボールをして楽しんでいました。あなたはどう思いますか？
   a. 一緒にやらせてもらえないかな。新しい技を教えてもらいたいなあ。
   b. あんなの全然すごくない。プロだったら目をつぶってても簡単にやっつけるだろ。
   c. 僕なんか仲間に入れてくれないだろうな。皆すごくうまいもん。僕はどんくさいから。

答えが全部「a」なら、あなたは比較と競争という２大悪習におかされていません。
１つでも「b」と答えていたら、不健全な競争心を持たないように気をつけましょう。Win-Lose か Lose-Win の態度になりやすい傾向があります。
１つでも「c」と答えていたら、人との比較ばかりしていませんか？ Lose-Lose のらせん降下に入り込んでしまいますから、注意してください。

## 68 Win-Win 精神で得られるもの

自分が Win-Win を考えているかどうか、どうすればわかるのでしょうか？ それは、自分がどう感じるかです。Win-Lose や Lose-Win の態度でいると判断力がにぶり、ネガティブな感情しか持てなくなります。しかし Win-Win の態度でいれば、物事をポジティブに考えられるようになります。ネガティブな感情で心が乱されず、自分に自信が持てるようになるのです。

### Win-Win を目指そう

両親と感情的に言い争いになる。兄弟や友だちと意見が合わず、お互いに一歩もひかない。このようなことは誰にでもありますね。日常生活のなかではよくあることです。

こうした状況で感情がヒートアップしてきたら、「お互いが Win-Win になる方法を探そうよ。どうしたら Win-Win になるかな？」と提案してみましょう。

**その提案に両親はびっくりすると思いますか? どんな反応が返ってくるでしょうか?**

**兄弟や友だちはどう思うでしょうか？ 何と言うでしょうか？ 最初は信じてもらえないでしょうか？ それはなぜですか？**

**両親、兄弟、あるいは友だちがどんな反応をするか、顔の表情を描いてみましょう。または、あなたがその提案をしてどうなるか、どんな結果になるかシナリオを考え、書いてみてください。**

## 69 最初の一歩

リストのなかから1つか2つできそうなものを選んでください。実際にやってみた感想を誰かに話すか、学んだことや気づいたことを書いてみましょう。

**1** 日々の生活のなかであなたが人と比較してばかりいることは何だろう? 服装のこと? スタイル? 友だち関係? 才能? 人と比べてやっきになっていることを自覚しよう。

**2** スポーツをするときはスポーツマンシップを発揮しよう。試合が終わったら、相手チームの健闘をたたえよう。

**3** 誰かにお金を貸していて、まだ返してもらっていないなら、フレンドリーに話してみよう。「先週貸した1000円のこと、忘れてない? 今必要なんだけど、返してもらえるかな?」という感じに。Lose-WinではなくWin-Winで考えよう。

**4** 友だちとトランプやボードゲーム、コンピューターゲームをするときは、勝ち負けにこだわらず、ひたすら楽しく遊ぶことを考えよう。

**5** 大切な試験が間近にせまっていないだろうか? もしそうなら、一緒に勉強するグループをつくって、皆でアイデアを出し合い、全員がよい成績をとれるように協力しよう。

**6** 今度、あなたの親友が何かで成功したら、ひがんだりせず、心から喜ぼう。

**7** 自分が人生に対してどんな態度でいるか考えてみよう。Win-Lose、Lose-Win、Lose-Lose、Win-Win——さて、どれだろう? その態度はあなたにどんな影響を及ぼしているだろうか?

**8** あなたにとってWin-Winの手本になる人は誰だろう? その人のどんなところを尊敬しているのだろうか?

手本にしたい人物:＿＿＿＿＿＿＿＿＿＿＿＿＿＿＿＿＿＿＿＿＿＿＿＿

尊敬するところ:＿＿＿＿＿＿＿＿＿＿＿＿＿＿＿＿＿＿＿＿＿＿＿＿＿

**9** あなたは異性の誰かとLose-Winの関係になっていないだろうか? もしそうなら、あなたもWinとなるために何をすべきか考えよう。あるいはNo-Deal(今回は取り引きをしない)を選んで、Lose-Winの関係を解消しよう。

# 最初の一歩

## 学習日記

「最初の一歩」のなかで挑戦してみたこと、学んだことを書いてみよう。

# 第５の習慣　まず相手を理解してから、次に理解される

## もしもーし！ 聞くための耳は２つだけど、話すための口は１つ……

人の心がもっとも必要としているのは、理解されることである。
――スティーブン・R・コヴィー

## 70 人が心から求めるものとは

病院に行って、医者が診断もせず処方箋を書いたら、どう思いますか？ その薬で治ると信用できますか？ その医者を信頼して、指示に従えますか？
「第５の習慣　まず相手を理解してから、次に理解される」では、処方する前に診断することの大切さを学びます。コミュニケーションをとる場面では、処方する前に診断するというのは、自分が話す前にまず相手の話を聞くことを意味します。
この習慣を身につけると、コミュニケーションがうまくいきます。なぜなら、人が心から求めているのは「理解されること」だからです。誰でも自分を尊重してもらいたいものです。個人として認められ、評価されたいのです。「人は、相手が自分のことを本当に気にかけてくれているとわかるまで、その人が何を言っても聞く耳は持たない」という教訓があります。誰かがあなたの話を真剣に聞いてくれなかったら、どんな気持ちになりますか？ あなたのことを本当に気にかけてくれているとは思えませんよね。

### 自分の感情を知ろう

自分のことで両親に理解してほしいと思っていることを２つか３つ挙げてください。

1

2

3

自分のことで先生に理解してほしいと思っていることを２つか３つ挙げてください。

1

2

3

自分のことで友だちに理解してほしいと思っていることを2つか3つ挙げてください。

1

2

3

自分のことで兄弟に理解してほしいと思っていることを２つか３つ挙げてください。

1

2

3

あなたの身近に何か悩んでいる人はいませんか？ それはどんな悩みですか？

その人の気持ちを楽にしてあげるにはどうしたいいでしょうか？ その人が自分は受け入れられ、理解されていると感じられるようにするには、あなたならどうしますか？

## 71 5つの聞き下手スタイル

誰かが話しているとき、真剣に耳を傾けなければ、その人を理解することはできません。意外ですか？ ほとんどの人と同じように、たぶんあなたも聞き下手のはず。どう答えようか考えたり、話の内容を自分勝手に判断したり、自分の考えに合わせて相手の言葉を解釈したりしていて、話をじっくり聞くどころではないのです。一般的に、次の５つの聞き下手スタイルがあります。思い当たりませんか？

1. **上の空**：誰かが話しているのに心ここにあらず。相手の話が耳に入っていない状態です。

あなたが話しているのに、相手が上の空だったことがありますか？ そのときの状況を書いてください。

そのとき、あなたはどんな気持ちでしたか？

あなたも誰かが話しているときに上の空のことがありますか？ それはどんなときですか？

**2. 聞いているふりをする**：相手の話に注意を向けてはいないのに、聞いているふりをしています。ときおり「ふうん、そうなんだ」とあいづちを入れるだけです。

あなたが話しているとき、相手が聞いているふりをしていたことはありますか？ そのときの状況を書いてください。

そのとき、あなたはどんな気持ちでしたか？

あなたも誰かが話しているときに聞くふりをすることがありますか？ それはどんなときですか？

**3. 選択的に聞く**：自分に関係のあることや興味をそそることだけに注意を向ける聞き方です。キーワードだけを選びとり、相手が話そうとしていることよりも、自分の関心事で会話を進めようとします。

**あなたが話しているのに、相手は自分が聞きたいことだけを選んで聞いていたことがありますか？ そのときの状況を書いてください。**

**そのとき、あなたはどんな気持ちでしたか？**

**あなたも誰かが話しているとき選択的に聞いていることがありますか？ それはどんなときですか？**

**4. 言葉だけ聞く**：相手の言葉は聞いているけれども、声の調子、感情、ボディランゲージには注意を向けていないので、相手が本当に伝えたいことは理解できない聞き方です。言葉だけを聞いていたら、相手の本心にふれることはできません。

**あなたが話しているとき、相手が言葉だけを聞いていたことはありますか？ そのときの状況を書いてください。**

**そのとき、あなたはどんな気持ちでしたか？**

**あなたも誰かが話しているとき言葉だけを聞いていることがありますか？ それはどんなときですか？**

**5. 自己中心的に聞く**：相手が言うことを自分のメガネ（考え方や見方）を通して見る聞き方です。相手が話すそばから「それ、すごくよくわかる」とか「そうだよね、あなたの気持ち、よくわかる」を連発します。でも、相手の本当の気持ちを理解しているとはかぎらないし、そもそも相手の話をじっくり聞かなければ、その人を本当に気にかけていることにはなりません。不幸の競争でもするかのように「そんなの、私がこのあいだ経験したことに比べればたいしたことないよ」なんて言い出す人もいます。

**あなたが話しているとき、相手が自己中心的に聞いていたことはありますか？ そのときの状況を書いてください。**

**そのとき、あなたはどんな気持ちでしたか？**

あなたも誰かが話しているとき自己中心的に聞いていることがありますか？ それはどんなときですか？

ショッピングモールや学校など、大勢の人でにぎわう場所に行くと、会話をしている人たちをたくさん見かけます。20 分くらい会話の様子を観察してみてください。どんな会話をしていたのか、何を話していたのか、あなたが考えるシナリオを書いてみましょう。

場所：

シナリオ：

聞き上手はいましたか？ はい いいえ

## 72 本当の聞き上手とは

相手の話を真剣に聞かず、5つの聞き下手スタイルのどれかになってしまっていることがどのくらいあるでしょうか？ 相手の話が耳にも入っていないことはありませんか？

本当の聞き上手は「心から耳を傾ける」ものです。心から耳を傾けるには、次の3つを同時にしなければなりません。

- **目と心と耳で聞く。**
- **相手の靴をはく（相手の立場に立って考える）。**
- **ミラーリング（相手の感情を自分の言葉で繰り返す）。**

これらのテクニックを使うのは、本当に重要な問題や慎重に対応しなければならない問題について話しているときだけにしましょう。普段の何気ないおしゃべりに「心から耳を傾けて」いたら、変人だと思われてしまう可能性大です。

## 73 聞き上手と聞き下手を見分けよう

次の4つのシナリオを読み、それぞれの質問に答えてください。

**シナリオ 1**

エリーはベッドにどさっと仰向けになり、天井を見つめた。姉のマーレンは読んでいた本から目を上げ、「いやなことでもあった？」と話しかけた。

「まあね」とエリーは答え、また黙りこみ、ため息をつく。

マーレンはちょっと間をおいてから、「話したい気分じゃないの？」とまた話しかける。

「うん」

「そう」と言って、マーレンはまた本を読み始めた。

エリーはベッドに横になったまま、相変わらず何も言わない。ときどきうんざりしたようにため息をついていたが、ようやく「男の子ってバカよね」と切り出した。

「そうだね」マーレンはそう言って本を閉じた。

「なんであんな連中にわずらわされなくちゃいけないの？ 今日、リックに何て言われたと思う？」

「何て言われたの？」マーレンは尋ねた。

**これは聞き上手の例だと思いますか？ 聞き下手の例でしょうか？ そう思うのはなぜですか？聞き下手だとしたら、どうすれば聞き上手になれるでしょうか？**

**シナリオ 2**

キムは受話器をとった。「もしもし？」
「あ、いてよかった」友だちのマリアだった。「話したいことがあって」
「どうしたの？」
「このあいだショッピングモールで見たブルーのドレスなんだけど、覚えてる？ 肩紐が細くて、背中が大きくあいているドレス」とマリアは言った。
「うん、覚えてるよ。私がセクシーなピンクのドレスを試着したお店でしょ？ あれ、買っておけばよかった。マイクに着て見せたら大興奮したのに。ショッピングモールに行きたいの？」
「そうじゃないの。このあいだ行ったら、あのブルーのドレスがセールになってて……」
「セール！」とキムは声をあげた。「なら今日にも行かなくちゃ。ピンクのドレスもセールになってるよね、きっと」
「今日は行けないの。ダンスのレッスンがあるから……」マリアはいら立って答えた。
「行こうよ。レッスンなんかさぼっちゃえばいいじゃない。あのドレス、ほしいんでしょ？ ほしいにきまってる！ 一緒に行こうよ。あきらめちゃダメだってば。すっごく似合ってたもの」
「そう思う？ よかった。じつはお母さんがね……」
ビーッ
「ちょっと待ってもらえる？ キャッチが入ったから」
キムがほかからの電話に出ているあいだ、マリアはやっと言いたかったことを言えた。
「じつはね、お母さんにあのドレス買ってもらったの」マリアはそう言って受話器をおいた。

**これは聞き上手の例だと思いますか？　聞き下手の例でしょうか？　そう思うのはなぜですか？　聞き下手だとしたら、どうすれば聞き上手になれるでしょうか？**

**シナリオ 3**

クリスは廊下を行ったり来たりしていた。転校してきたばかりなので、次の授業の教室がわからないのだ。チャイムがなった。どこに行けばいいのかまだわからない。授業に遅れそうだ。

「おい」男子生徒の声がした。「迷ってるのか、それともサボるつもり？」

クリスが声のするほうを振り向くと、同じ学年くらいの男子生徒が立っていた。「迷ってるんだ、残念ながら」クリスは答えた。「ここは前の学校より大きいから」

「つまり、この学校はどでかいから、うんざりしてるってわけか」

クリスはとまどってしまった。「だから、この学校は大きいから、文字どおり迷っているんだよ。319 番教室がどこにあるか知ってるかな？」

「迷っていて孤独なんだな？」

いったいこいつは何なんだ？　クリスは思った。「きみの精神分析のおかげで、ますますこんがらがるよ。英語の授業が 319 番教室であるんだけど、場所がわからないだけあんだ。知ってたら教えてほしいんだ。知らないなら、自分で探すから放っておいてくれ」

男子生徒はクリスを不思議そうに眺めながら言った。「イラついているみたいだね」

「ああ、もう！」クリスはため息をついて、その場を立ち去った。

**これは聞き上手の例だと思いますか？　聞き下手の例でしょうか？　そう思うのはなぜですか？　聞き下手だとしたら、どうすれば聞き上手になれるでしょうか？**

**シナリオ 4**

タイロンは、妹のラナが気にさわり始めていた。ラナはいつもタイロンにまとまわりついていて、放課後にタイロンの友だちが遊びにくると、きまって邪魔するのだった。このあいだの放課後も、タイロンの友だちにサッカーのトロフィーを見せたり、インラインスケートに行こうと誘ったりして、うるさくて仕方がなかった。タイロンはとうとうキレた。

「ラナ、僕や僕の友だちにまとわりつくのはやめろよ。おまえと遊ぶひまなんかないんだよ。わからないのか？」

ラナは兄を見上げた。タイロンは妹が傷ついているのがわかった。「私がじゃまなの？」

「そうだよ」とタイロンは言って、そっぽを向いた。

ラナは声をふるわせて言った。「わかった。ごめんなさい。お兄ちゃんや皆がとってもカッコいいから、一緒にあそびかっただけ。じゃまするつもりはなかったの」

僕や友だちがカッコいいって？ タイロンは罪悪感と満足感の入り混じった気持ちになった。だからいつもまとわりついていたんだ。このところ友だちと出かけてばかりいて、あいつと遊んであげなかったから、不満だったんだな、きっと。

「ラナ、ごめんよ。どなったりして悪かった。今は友だちと出かけたいんだ。帰ってきたらふたりで遊ぼう。僕とラナとふたりでさ」

「ほんと？」ラナはそう言い、笑顔が広がった。「すっごくうれしい！」

**これは聞き上手の例だと思いますか？ 聞き下手の例でしょうか？ そう思うのはなぜですか？ 聞き下手だとしたら、どうすれば聞き上手になれるでしょうか？**

## 74 本当の聞き上手――1 目と心と耳で聞く

相手が本当に言いたいことを理解したいのなら、口に出していないことも聞き取れなくてはなりません。とはいえ、言葉にしていないことを聞くには、どうすればよいのでしょうか？

それには、耳で聞くだけでなく、目と心でも聞くようにすることです。相手が話している言葉だけにとらわれず、ボディランゲージを見て、口調に注意し、気持ちの動きを察することが大切です。

### 言葉以上のものを聞き取ろう

自宅やショッピングモール、学校の廊下などでボディランゲージを観察しましょう。さまざまなボディランゲージを見つけ、それらが伝えようとしている意味を考え、下の表にまとめてください。

| ボディランゲージ | 意味 |
|---|---|
| | |
| | |
| | |

## 75 本当の聞き上手――2 相手の靴をはく（相手の立場に立って考える）

誰かを理解したいなら、その人の視点から物事をながめてみなくてはなりません。相手の靴をはく、つまり相手の立場に立ってみることで、違った角度から状況を理解できるようになるのです。

## 親を診断してみよう

1. 自分が地元のテレビ局のリポーターだと思ってください。
2. 次の質問にそって親や先生にインタビューしてみましょう。返答をメモし、下の各欄にまとめてください。

親または先生の名前：

1. お金に糸目をつけず自分の好きなものを１つ買うとしたら、何を買いますか？それはなぜですか？

2. 自分のことで1つだけ変えられるとしたら、何を変えますか? それはなぜですか?

3. 好きな映画は何ですか？ なぜその映画が好きなのですか？

4. 一番大切な思い出は何ですか？

5. 一番恐れていることは何ですか？

**6.** 幸せを感じることはどんなことですか？

**7.** 今までに下した決断でやり直すチャンスを１回だけ与えられたとしたら、どの決断を変えたいですか？

**8.** 最後におなかを抱えて笑ったのはいつですか？

## 76 本当の聞き上手――3 ミラーリング（相手の感情を自分の言葉で繰り返す）

あなたが話しているとき、相手の人が返事はしてくれるけれども、真剣には聞いていないなと感じたことはありませんか？

話している人が自分は理解されたと感じるように返事をすることが大切です。このような返事の仕方をミラーリングと言います。相手が話したことを自分の言葉で言い直すのです。

ミラーリングをしても、相手を本当に理解したいという気持ちがなければ、相手はあなたを見透かし、自分が操られているように感じます。ミラーリングはテクニックであって、海面に突き出た氷山の一角にすぎません。相手を理解したいという気持ちが海面下の大きな塊です。この土台がなければ、いくらテクニックを使っても意味はないのです。

誰かが次のようなことをあなたに言ったとしたら、ミラーリングを使ってどのような返事をしますか？ あなたの返事を書いてください。１つ例を挙げましょう。

たとえば、「こんなひどいレポートを読んだのは初めてだ！」と言われたときに、ミラーリングを使った返事は、「レポートの質の悪さにあきれているんですね」などとなります。

「夜中まで出歩いているなんて絶対にだめ」

ミラーリングを使った返事：

「転校してきたあの女の子のことはよく知らないんだ」

ミラーリングを使った返事：

「うちの親、最近ほんとにウザいんだ」

ミラーリングを使った返事：

「今日のランチはおいしかったなあ」

ミラーリングを使った返事：

「バイトに行く気がしないんだよ」

ミラーリングを使った返事：

## 77 親とのコミュニケーション

あなたもきっと、親に対して「僕のことなんかちっともわかっていないくせに！」というような言葉を吐き捨てるようにぶつけたことがあるはず。でもちょっと待って。自分のほうも親のことをちっともわかっていないかもしれない、そう考えてみたことはありますか？

あなたの両親だって、プレッシャーがあったり、悩みを抱えていたりするものなのです。職場でいやな思いをしたり、泣いたり、人に笑われたりする日があるのです。まわりの人たちとうまくやっていけるだろうか、目標を達成できるだろうかと、悩んでいるのです。あなたと同じように。

時間をつくって両親の話を聞き、両親のことを少しでも理解できれば、あなたはもっと両親を尊敬できるようになるでしょうし、両親もあなたを信頼し、あなたの話に耳を傾けるようになるはずです。

両親とのコミュニケーションを良くする方法の１つは、人間関係信頼口座に預け入れをすること。預け入れをすれば関係は良くなり、引き出しをすれば関係は悪くなります。日頃からコンスタントに預け入れをしていれば、強く健全な関係になっていきます。

大切なのは、あなたが人間関係を良くしたいと思っている相手にとって、何が預け入れになるのかを知ることです。

昨日、両親や家族に対して自分がとった行動を思い出してください。それぞれの行動について、両親や家族は預け入れと思ったのか、引き出しと思ったのか、リストにまとめましょう。

**預け入れと思ったこと**

両親

それ以外の家族

**引き出しと思ったこと**

両親

それ以外の家族

## 78 今度は自分を理解してもらおう

「第５の習慣」では、前半の「まず相手を理解する」ことに相当なエネルギーを使いますから、多くの人が後半の「次に自分が理解される」ことを忘れてしまいます。「まず相手を理解する」には相手を思いやることが必要です。「次に理解される」に必要なのは、勇気です。「第５の習慣」の前半だけで終わったら、不健全なLose-Winになってしまいます。

表に出なかった感情は消えてなくなるわけではありません。生き埋めにされ、いつかもっとひどいかたちで出てくるのです。恐ろしいことだと思いませんか？ あなたにとって、これ以外に恐ろしいと思うことは何でしょうか？

一番恐ろしいことは何かと100人に質問すると、１番は「人前で話すこと」で、２番目が「死」という結果が出ているそうです。信じられますか？ 多くの人は、人前で話すくらいなら死んだほうがましだと思っているのです。あなたもそうですか？

### フィードバックしよう

自分が理解されるためには、話している相手にフィードバックすることが大切です。適切なフィードバックができれば、それは自己信頼口座と人間関係信頼口座の両方への預け入れになります。

**今、あなたのフィードバックを必要としている人がいるのに、フィードバックするのが恐くてできずにいる、というようなことはありませんか？　あるなら、それはどのような状況ですか？　相手は誰ですか？**

**フィードバックするのを恐がったり、相手がいやな気持ちになったりしないように、フィードバックの仕方を３つくらい考えておきましょう。**

**相手：**

1

2

3

この３つを練習してみて、そのなかから確実にできそうで、相手も真剣に受けとめてくれそうな方法を選び、実行しましょう。

## 79 最初の一歩

リストのなかから１つか２つできそうなものを選んでください。実際にやってみた感想を誰かに話すか、学んだことや気づいたことを書いてみましょう。

**1** 話している相手の目を見つめて話を聞こう。どれだけ長く見つめていられるだろうか？

**2** ショッピングモールにでも行って、会話をしている人たちを観察しよう。その人たちのボディランゲージが伝えようとしていることは何だろうか？

**3** 今日誰かと会話するとき、１人にはミラーリング、別の１人にはからかうようにオウム返しで答えてみよう。結果はどうなるだろう？

**4** 「上の空、聞いているふりをする、選択的に聞く、言葉だけ聞く、自己中心的に聞くという５つの聞き下手スタイルのなかで、自分がなかなかやめられないのはどれだろう？」と自分に問いかけてみよう。今日はそれをしないように注意する。

**5** 今週、お父さんかお母さんに「今日はどうだった？」と話してかけてみよう。心を開いて、親の話に真剣に耳を傾けてみる。その会話を通して知ることに驚くはずだ。

**6** あなたがおしゃべりなら、今日は口にチャックして聞くことに徹してみよう。必要なときだけ話すようにする。

**7** 今度、自分の感情を抑えようとしていることに気づいたら、無理に押し殺さずに、自分で自分をコントロールできるかたちで表に出そう。

**8** 建設的なフィードバックが本当に誰かのためになるような状況を考えてみよう。タイミングをみはからって、それを実行する。

# 最初の一歩

## 学習日記

「最初の一歩」のなかで挑戦してみたこと、学んだことを書いてみよう。

# 第６の習慣　シナジーを創り出す
## より「高い」道

人は１人ではほとんど何もできないけれど、力を合わせれば多くのことができる。
――ヘレン・ケラー

## 80 どこにでもあるシナジー

複数の人間が協力し、それぞれが１人で思いつくことよりも良い解決策が生み出される。それがシナジーです。あなたのやり方でもなく、私のやり方でもない、もっと良いやり方、もっと高いところにある道です。シナジーはなにも新しい考え方ではなく、どこにでもあります。
下のリストを見て、シナジーを創り出せる態度と創り出せない態度を確認していきましょう。

| シナジーを創り出せる態度 | シナジーを創り出せない態度 |
|---|---|
| 約束を守る | 約束をやぶる |
| お互いの違いを喜ぶ | 違いをただ我慢する |
| チームで作業する | 1人で作業する |
| 広い心を持つ | 自分が正しいと思う |
| 既成概念にとらわれずに考える | 決まった枠組みのなかでしか考えない |
| 第３の案を考え出す | 妥協する |
| ブレーンストーミングする | 1つの正解だけにこだわる |

人々のなかから生まれるシナジーを見ていきましょう。１台の車をつくるのに何人の人間が必要だと思いますか？　１人でできるでしょうか？　できませんよね。設計、組み立て、販売まで多くの人が協力しあわなければなりません。一人ひとりがそれぞれの担当分野で専門能力を発揮して働いています。一人ひとりが違っているからこそ、多様なアイデアが出て、それらが結実し、革新的な解決策となるのです。

## 81 シナジーを観察しよう

あなたの身近にはどのようなシナジーがあるでしょうか？
たとえば、雁《がん》はV字型で飛ぶことでより遠くへ飛ぶことができますし、音楽のオーケストラなどはまさにシナジーの結果です。シナジーは、実は身近なところにたくさん存在しています。あなたの周りをよく観察してみましょう。下に挙げたそれぞれの場所で見られるシナジーの例を書いてください。

**自然：**

**学校：**

**家庭：**

**住んでいる地域：**

**バイト先：**

## 82 人との違いを歓迎する

10代の皆さんにとって、多様性を考えることはとても重要です。私が10代の頃は、仲間に入れてもらおうと努力しました。その努力というのは、皆と同じようになることでした。しかし多様性がなければ、人生はとても退屈なものになってしまいます。皆があなたと同じように考え、あなたと同じような服装で、あなたと同じように行動していたら、いや気がさしませんか？
多様性という言葉からは、一般的には男女の違いや年齢、職業を思い浮かべるでしょう。しかしそれだけでなく、身体的な特徴、服装、価値観、貧富、家族、ライフスタイル、教育、興味、スキルなど、違いにもさまざまなものがあります。

多様性は私たちの人生において避けられないものですから、誰でも多様性に対して何らかの態度をとっています。人が多様性に対してとる態度は大きく3つの段階に分けられます。

**レベル1：多様性を遠ざける**
**レベル2：多様性に寛大になる**
**レベル3：多様性を歓迎する**

多様性を歓迎できるレベルになると、目標を達成するためにほかの人たちと協力したいと思うようになります。

## 83 多様性に対するあなたの態度は？

次のことについて違いを歓迎できる人になるために、あなたにできることは何でしょうか？

**性別**

**年齢**

**身体的な特徴**

**ファッション**

**能力／障害**

**趣味**

## 84 違う見方を尊重しよう

「第6の習慣　シナジーを創り出す」では、人々が協力し、より大きな成果を生むことをシナジーと定義しています（1＋1＝3以上になる）。お互いの違いを認めると、ほかの人たちと協力することもずっと楽にできるようになります。一人ひとりが独自の世界観を持っていて、誰の見方も正しいのだということがわかれば、自分とは違う見方を尊重できるのです。

### 自分の性格を評価しよう

次のページの表を使って、自分の行動スタイル、特徴、性格を客観的に見つめてみましょう。14ある各行の4つの言葉を見て、1から4までの範囲でもっとも自分に当てはまる数字を記入してください（「評価の方法」を参照）。表に数字をすべて記入したら、友だちか家族の誰かにも記入してもらいましょう。そして両方の表の縦列に合計を記入してください。

評価の方法
4：一番当てはまる（自分はまさにこのとおりだ）
3：ほとんど当てはまる（自分はだいたいこんな感じだ）
2：あまり当てはまらない（自分はあまりこうではない）
1：まったく当てはまらない（自分は全然こうではない）

| | ぶどう | オレンジ | バナナ | メロン |
|---|---|---|---|---|
| 1 | □ 空想好き | □ 調査好き | □ 現実的 | □ 分析的 |
| 2 | □ 融通が利く | □ せんさく好き | □ 整理好き | □ 批評好き |
| 3 | □ 関連づける | □ つくり上げる | □ 核心を突く | □ 議論する |
| 4 | □ 個性的 | □ 冒険的 | □ 実務的 | □ 学術的 |
| 5 | □ フレキシブル | □ 創意工夫する | □ 几帳面《きちょうめん》 | □ 体系的 |
| 6 | □ 共有する | □ 独立独歩 | □ 大人しい | □ 繊細 |
| 7 | □ 協調的 | □ 競争的 | □ 完全主義的 | □ 論理的 |
| 8 | □ 神経質 | □ リスクを引き受ける | □ 勤勉 | □ 知性的 |
| 9 | □ 仲間好き | □ 問題解決型 | □ 計画的 | □ 読書家 |
| 10 | □ 結びつける | □ 発案する | □ 記憶する | □ 考え抜く |
| 11 | □ 自発的 | □ 変革者 | □ 指示待ち | □ 判定者 |
| 12 | □ 交流する | □ 発見する | □ 慎重派 | □ 推理派 |
| 13 | □ 世話をする | □ 挑戦する | □ 練習する | □ 検証する |
| 14 | □ 感じる | □ 経験する | □ 行動する | □ 考える |

各列の数字を合計し、下の欄に書き込んでください。

□ ぶどう　□ オレンジ　□ バナナ　□ メロン

一列目の数字が一番高ければ、あなたは「ぶどう」です。
二列目の数字が一番高ければ、あなたは「オレンジ」です。
三列目の数字が一番高ければ、あなたは「バナナ」です。
四列目の数字が一番高ければ、あなたは「メロン」です。
では、自分の果物について見てみましょう。

表にすべて記入し、縦列の合計を出したら、あなたと家族の誰か、または友だちがどのフルーツなのか確かめましょう。それぞれのタイプを次ページで確認し、お互いの違いをどのように生かせるか、シナジーを創り出せるように協力するにはどうしたらよいか考えてみてください。

## ぶどう

### 持ち前の能力
・よく考える
・感受性が鋭い
・柔軟
・創造的
・グループでの仕事を好む

### ぴったりの学び方
・ほかの人と一緒に手分けして
・仕事と遊びのバランスをとる
・交流できる
・競争の激しくない環境で

### ちょっと苦手かも…
・正確な答えを出す
・1つのことに集中する
・整理

### 個性を伸ばすには
・細かい点にもう少し注意しよう
・あわてない
・何かを決めるときに
感情的にならないで

## オレンジ

### 持ち前の能力
・実験すること
・独立心が強い
・好奇心が強い
・別の方法を考え出す
・変化を起こす

### ぴったりの学び方
・試行錯誤しながら
・実際にものをつくる
・競争しながら
・自分で決められる環境で

### ちょっと苦手かも…
・締め切りを守る
・説明どおりにやる
・あまり選択肢がないとき

### 個性を伸ばすには
・仕事をほかの人に任せよう
・他人の考え方をもっと受け入れよう
・物事に優先順位をつけよう

## バナナ

### 持ち前の能力
・計画を立てる
・事実を突きとめる
・整理する
・指示に従う

### ぴったりの学び方
・整理された環境で
・具体的な成果の上がることを
・お互いに信頼し合って
　役割分担する
・予測可能な状況で

### ちょっと苦手かも…
・人の気持ちを理解する
・反論されること
・「もし～なら」を考える

### 個性を伸ばすには
・自分の気持ちをもっと表に出そう
・他人の意見にも耳を貸そう
・あんまりかたくなに
　ならないで

## メロン

### 持ち前の能力
・自分の意見について議論する
・解決策を見つける
・考え方を分析する
・価値や重要性を見極める

### ぴったりの学び方
・いろいろな情報源に
　アクセスする
・独自に仕事できる環境で
・伝統的な手法を守って

### ちょっと苦手かも…
・グループで仕事をする
・批判されること
・外向的手腕で人を納得させる

### 個性を伸ばすには
・不完全さを受け入れよう
・あらゆる代案を検討しよう
・他人の気持ちにも気を配ろう

## 85 私たちは皆マイノリティ

誰でもかけがえない唯一無二の存在です。誰もがマイノリティ（少数派）です。あなたと同じような容姿で、同じように話す人は１人もいません。ましてあなたと同じ考えの人はいないのです。「第６の習慣　シナジーを創り出す」では、シナジーはあなたの外にあるだけでなく、あなたの内面にもあることを学んでほしいと思います。学び方も、ものの見方も人それぞれであり、スタイルや性格、頭の働きも、兄弟や友だちとは違うのです。

私は、われわれがお互いに違っていてよかったと思う。われわれが力を合わせることによって、お互いを足した以上の力になることを願う。

——ミスター・スポック

トーマス・アームストロング博士は、頭のよさを７つの分野に分け、子どもの知力をもっとも占めている分野、つまり子どもが得意とする面を生かして学ぶことが効果的だとしています。

［７つの学習能力］

- **言語的：読み、書き、話を伝えることをとおして学ぶ。**
- **論理的／数学的：論理、パターン、分類、関連づけをとおして学ぶ。**
- **身体的／運動的：身体感覚、触れることによって学ぶ。**
- **空間的：イメージや画像によって学ぶ。**
- **音楽的：音とリズムをとおして学ぶ。**
- **社交的：他者とのやりとりやコミュニケーションをとおして学ぶ。**
- **内面的：自分の感覚をとおして学ぶ。**

これら７つの学習能力に優劣の順位はありません。どれかがどれかより優れているわけではなく、たんにそれぞれ違っているということです。シナジーとは、お互いの違いに利点を見出せるようになることなのです。

**７つの学習タイプのうち、あなたがもっとも得意とする能力はどれですか？**

それ以外によく使っている能力はどれですか？ その能力はいつ、どこで使っていますか？

先ほどのフルーツの説明を読んでください。あなたの診断結果のフルーツのところに書いてある持ち前の能力は、あっていると思いますか？

「7つの学習能力」リストにある持ち前の能力のうち、自分の一番強い能力は何だと思いますか？

持ち前の能力をうまく発揮できたと思ったときのことを書いてください。

## 86 違いに気づこう

マイノリティであるとはどういうことかわかりますか？ たとえほかの人たちがあなたと見た目が似ていても、同じような環境で成長してきたとしても、あなたは唯一無二の存在であって、ほかの誰とも違うということです。双子の兄弟がいるとしても、あなたはマイノリティなのです。表面的な部分にとどまらず、もっと深く人を見ていくと、一人ひとりの違いのすばらしさに気づいて驚くはずです。

次の質問に答えて、あなたの優れているところ、あなた独自の才能を発見しましょう。

**1.　友だちや家族からどんなニックネームで呼ばれていますか？**

**2.　あなたの故郷はどこですか？**

**3.　まる1日自由にすごせるなら、何をしたいですか？**

**4.　こまでに一番笑った映画は何ですか？**

**5.　夜寝るとき、枕は何個使いますか？**

6. ひんぱんに使う言葉やフレーズは何ですか？

7. 好きなミュージシャンやグループは？

8. 好きなアイスクリームは？

9. 毎日だいたい何時に寝ますか？

10. 自分らしさは何だと思いますか？

11. あなたの親友はあなたらしさを何だと思っているでしょうか？

12. 学校で一番得意な科目は何ですか？

13. では一番苦手な科目は？

14. 自分を動物に例えると何だと思いますか？ それはなぜですか？

15. もし自分の車を持てるとしたら、何を選びますか？

16. 自分の長所は何だと思いますか？

17. 大勢の人と一緒にいるのと１人でいるのとでは、どちらが落ち着きますか？

18. 自分について知らないことは？ １つ挙げてください。

19. 空想するとき、どんなことを思い描きますか？

20. 家族との一番の思い出は何ですか？

21. 美術館で１日すごすのは楽しいと思いますか？ それともたいくつ？

22. 国内を旅行するとしたら、どこに行きたいですか？

23. 外国に行くとしたら、どこに行きたいですか？

24. これまでで最高の旅行は？

25. では最悪の旅行は？

26. 自分を建物に例えるとしたら何ですか？ それはなぜですか？

27. 夜、考えると眠れなくなることは何ですか？

28. まだ小さかったとき、好きだった遊びは何ですか？

29. 観戦するのが好きなスポーツは何ですか？

30. 好きな本は何ですか？

31. 好きな季節は？

32. 好きな祝日は？

33. 知っている人のなかで一番おもしろい人は誰ですか？

**34.** 家にいるのと外にいるのとでは、どちらが好きですか？

**35.** もらって一番うれしいプレゼントは何ですか？

## 87 自分自身の多様性を歓迎しよう

自分を人と比べるのは簡単です。しかしそれは自分よりも他人を見ているにすぎません。人と比べてばかりいるのは、自分自身の個性のすばらしさに気づこうとしない態度です。

「第６の習慣　シナジーを創り出す」では、ほかの人たちに溶け込んで、皆と同じようになってしまうのではなく、ほかの人たちとは違う自分らしさ、自分の個性や資質に自信を持ち、自分の違いを歓迎し喜ぶことが大切だと伝えています。

**今度自分を誰かと比べて、自分が劣っているように感じたら、自分の長所を思い出して、自分らしさに自信を持ちましょう。そのとき、どんな長所を思い出しますか？**

**皆に溶け込んで同じようになるのではなく、ほかの人と違うところ、自分の個性に誇りを持つためには、どうしたらよいと思いますか？**

## 88 違いを歓迎するのを邪魔するものは？

お互いの違いを認め、歓迎しようとしても、さまざまな障害物が邪魔をします。なかでも次の3つはやっかいです。

- **無知**：ほかの人たちが何を考え、何を信じ、どう感じているのかわからない。
- **排他心**：気のあう仲間と一緒にいたいと思うのは悪いことではありません。でも、自分たちとはあわない人を仲間に入れず、閉鎖的なグループになったら問題です。
- **偏見**：住んでいる環境が違うからというような理由で、人を型にはめる、レッテルを貼るなど、ほかの人に対してアンフェアな態度をとることです。

これらの態度は違いを歓迎する態度とは正反対であり、シナジーを邪魔するものなのです。

**誰かが無知だったために、苦しんだことはありますか？ あるいは同じ理由で誰かが苦しんでいるのを見たことがありますか？ そのときの状況を書いてください。**

**仲間はずれにされたことはありますか？ あるいは誰かが仲間はずれにされているのを見たことがありますか？ そのときの状況を書いてください。**

恐れは、本当なら友だちになれる人を遠ざけてしまう。
――シャーリー・マクレーン

偏見を持たずに人と接するためにできることは何ですか？

あなたが人から偏見を持たれそうなところは何ですか？

その偏見を乗り越えるためにできることは何ですか？

## 89 多様性を大事にしよう

誰も多様性を大事にしなかったら、世界はどうなってしまうでしょうか？ 色とりどりの世界とはいきませんよね。モノトーンの味気ない世界でしょう。誰も自分の違いを見せようとせず、お互いのことを何も知らず、ギスギスした世界になるでしょう。多様性がない世界というのは、とても単調なものにちがいありません。

幸いにも、世界は多様性を尊重する人々で満ちあふれています。このような人たちは違いを歓迎し、多様性を大事にしています。意見、人種、文化、ライフスタイルなど、お互いの違いから得られる知識、理解はかけがえのないものです。とはいえ、多様性を尊重する人たちだけに頼っていてはいけません。あなた自身も多様性をすすんで大事にしなければならないのです。

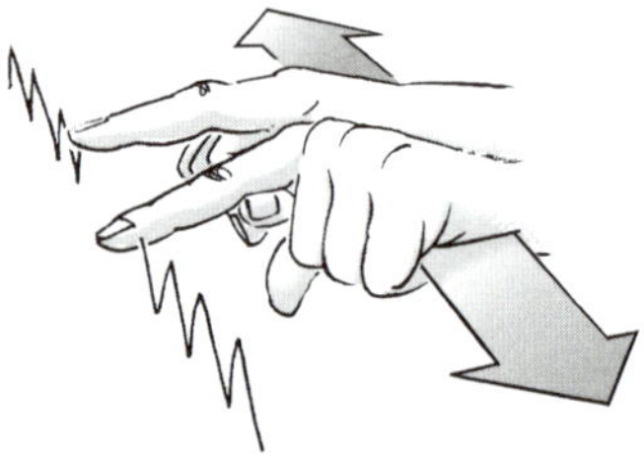
アメリカ式指話言語で
「私たちは違っている」の意味

> 違いは、発見に通じるドアを開け、人生の挑戦を生み出す。
> ――「私たちは多様」を表すアメリカの手話

多様性を大事することはあなたにとって重要ですか、重要ではないですか？ それはなぜですか？

多様性を大事にしたときのこと、あるいは大事にすべきだったのにできなかったときことを書いてください。

多様性を大事にしたことで（または大事にできなかったことで）、どうなりましたか？

1日時間をとり、自分のまわりの人たちを観察したり、テレビ番組や映画、読んだ本を振り返ったりして、そのなかで多様性が大事されている例を見つけ、下の表にまとめみましょう。

| 多様性の内容 | どのように大事にしていたか |
|---|---|
| | |
| | |
| | |

**多様性が大事にされている例をたくさん見つけて驚きましたか？ もっとたくさん見つけられると思いましたか？ もっと少ないと思っていましたか？**

**多様性を大事にするときに抱く恐れをどのように乗り越えますか？**

**次の質問に「はい」か「いいえ」で答えてください。あなたが実際に体験したことを思い出して答えましょう。**

| | |
|---|---|
| 自分にもまわりの人たちにも完璧を求める。 | **はい　いいえ** |
| ほかの人が私や私の意見を気に入らないと驚く。 | **はい　いいえ** |
| まわりの皆はいつも私との約束を守らない。 | **はい　いいえ** |
| 大好きだと思える人、信頼できる人はあまりいない。 | **はい　いいえ** |
| 「政治的な正しさ（差別的な言葉を使わない）」にうんざりしている。なにも皆を好きにならなくてもいいと思う。 | **はい　いいえ** |
| 私に関するほかの人たちの意見は認めない。 | **はい　いいえ** |
| 変化は好きじゃない。 | **はい　いいえ** |
| グループでやるよりも1人で作業したほうがうまくいく。 | **はい　いいえ** |
| プラス思考よりもマイナス思考になるほうが多い。 | **はい　いいえ** |
| 見かけとは違う人間だと気づかれるのが心配だ。 | **はい　いいえ** |

答えの半分以上が「はい」なら、まわりの人たちの人生や行動を理解することを今から心がけましょう。一人ひとりがグループに持ち寄る個性を認め、尊重しましょう。答えの半分以上が「いいえ」なら、あなたは自分の個性に自信を持ち、ほかの人たちとも気構えずにつきあっていることでしょう。ほかの人たちから学ぶことが自分の人生のためになるのだとわかっています。

# 90「より良い」道を見つけよう

違いは強みであって弱みではないという考え方を受け入れ、違いを歓迎すると決意することで、より良い道を見つけられる準備ができます。より良い道を見つけることがシナジーです。それはあなたのやり方でも、私のやり方でもない、もっと良いやり方、もっと良い道なのです。

合衆国の建国の父たちは、「より良い道」を見つけて政府の骨格をつくりました。ウィリアム・パターソンのニュージャージー案は小さな州が支持し、ジェームス・マディソンのバージニア案は大きな州が支持しました。結果はどうなったのでしょうか？国会を上院と下院に分け、小さな州も大きな州も満足できるかたちにしました。このコネティカット和解は「大いなる妥協」ともよばれていますが、むしろ「大いなるシナジー」とよぶべきでしょう。この結果が最初の2つの案よりも良いことは、その後の歴史が証明しているからです。

## より良い道を探そう

シナジーは妥協ではありません。たんなる協力でもありません。関わった人たちが満足できる第3の案を見つけることです。

**誰かと妥協してしまったときのことを書いてください。**

**その妥協に不満でしたか？ 満足しましたか？**

**そのとき、どうしていたら「より良い道」を見つけられたと思いますか？**

誰かと「より良い道」に到達できたときのことを書いてください。

その「より良い道」を見つけたとき、どんな気分でしたか？

相手はどんな気持ちだったと思いますか？

## 91 シナジーに到達する

デートや門限のことで親ともめたり、学校の行事のことでクラスメートと意見が対立したりして、目も合わさなくなるほど険悪な雰囲気になってしまったら？ そんなときでも、シナジーを創り出すことはできるのです。

「第６の習慣　シナジーを創り出す」では、シナジーに到達する簡単な５つのステップを学びます。

## シナジーへ至るアクションプラン

シナジーへ到達するための簡単な5つのステップを紹介しましょう。

**シナジーへ至るアクションプラン**

- 問題あるいは機会をはっきりさせる
- **相手の道**
  まず相手の考えを理解するように努める
- **私の道**
  自分の考えを伝えることで、理解してもらうよう努める
- **ブレーンストーミング**
  新しい選択肢とアイデアを生み出す
- **より良い道**
  ベスト・ソリューション：最善の解決策を見つけ出す

このアクションプランをコピーしていつでも見られるところに貼っておこう

改善したいと思っている人間関係を1つ挙げてください。「シナジーへ至るアクションプラン」に従って、お互いの意見の違いを解決し、シナジーを創り出すことに挑戦してみましょう。

**誰との関係を改善したいのですか？**

**その人との関係での問題または機会は何ですか？**

まずはその人の考えを理解するためにどうすればよいでしょうか？

あなたの考えを話して理解してもらうにはどうすればよいでしょうか？

どのような選択肢や考え方があると思いますか？

## 92 チームワークとシナジー

チームワークとシナジーを達成できると、友情が深まるというれしいおまけがあります。オリンピック代表のバスケットボール選手デボラ・ミラー・パルモアは、このように話しています。「人生というゲームでも、いつまでも記憶に残るのはチームワークの精神です。プレーやシュート、スコアのことは忘れても、チームメイトのことは絶対に忘れないでしょう」

シナジーを創り出すことが上手な人がいます。そういう人は、１人でやった場合よりもはるかに良い結果になるようにほかの人たちをサポートし、皆の気持ちを盛り上げ、元気づけることに喜びを感じるのです。シナジーを創り出す能力は誰でも授かっています。その能力は誰でも発揮できます。より良い結果を出すために力を合わせれば、かならずシナジーに到達できるのです。

**友だち、先生、家族、ほかにもあなたの知っている人のなかで、以下の文の空欄に当てはまる人の名前を書きましょう。**

宿題を教えてもらいたいときには＿＿＿＿＿＿に頼ることができます。

１日を元気ですごせるおいしい食事は＿＿＿＿＿＿が作ってくれます。

人生全般について知りたいことがあるときは＿＿＿＿＿＿に相談できます。

課外活動やパーティの計画を立てるときは＿＿＿＿＿＿の力を借りられます。

人に言えない悩みがあって助けが必要なときは＿＿＿＿＿＿に頼ることができます。

安心して秘密を打ち明けられるのは＿＿＿＿＿＿です。

ダンスパーティにぴったりの音楽を思いつくのは＿＿＿＿＿＿です。

一緒にスポーツをしてくれるのは＿＿＿＿＿＿です。

一緒に買い物に行き、よいアドバイスをしてくれるのは＿＿＿＿＿＿です。

数学のわからないところを教えてくれるのは＿＿＿＿＿＿です。

進路の相談にのってくれるのは＿＿＿＿＿＿です。

心の問題のことで相談にのってくれるのは＿＿＿＿＿＿です。

いつも私を愛してくれて、元気づけてくれるのは＿＿＿＿＿＿です。

私がほかの人たちとシナジーを創り出せる自信のある分野：

ネズミの通る穴は1つだけではない。 ——プラウトゥス

## 93 最初の一歩

リストのなかから1つか2つできそうなものを選んでください。実際にやってみた感想を誰かに話すか、学んだことや気づいたことを書いてみましょう。

**1** 障害を持つクラスメートや近所の人に対して、気の毒に思ったり、何と言っていいかわからないからといって避けたりせずに、自分から積極的に話しかけ、親しくなろう。

**2** 今度親と意見が衝突したときには、「シナジーへ至るアクションプラン」を試してみよう。

1）問題をはっきりさせる
2）相手の話を聞く
3）自分の考えを話す
4）ブレーンストーミングする
5）より良い道（ベスト・ソリューション）を見つける

**3** 信頼する大人に悩みを打ち明けてみよう。話し合っているうちに、新しい気づきがあるだろうか？ よい解決策が見つかるだろうか？

**4** 今週、自分のまわりを見渡して、さまざまなシナジーを発見しよう。片手でやるよりも両手でやったほうがずっとよいとか、チームワークとか、自然のなかにある共生関係とか、創造的な問題解決とか、いろいろあるはずだ。

**5** あなたをイライラさせる人のことを考えてみよう。その人はあなたとどう違っているのだろう？ その人から学べることは何だろう？

**6** 友だちとブレーンストーミングして、今週末にやることを考えよう。いつもやっていることではなく、アイデアを出し合って何か新しいことを見つけよう。

**7** 次の項目について、自分が多様性をどのくらい受け入れているか診断してみよう。あなたは違いを遠ざける人？ 違いに寛容な人？ 違いを歓迎する人？

| | 遠ざける | 寛容 | 歓迎する |
|---|---|---|---|
| 性別 | | | |
| 年齢 | | | |
| 身体的な特徴 | | | |
| ファッション | | | |
| 能力／障害 | | | |
| 趣味 | | | |

# 最初の一歩

## 学習日記

「最初の一歩」のなかで挑戦してみたこと、学んだことを書いてみよう。

# 第７の習慣　自分を磨く
## 自分のための時間

屋根の修理は天気が良い日にするものだ。　――ジョン・F・ケネディ

### 94 なぜリニューアルが必要か

「第７の習慣　自分を磨く」は、人間の４つの側面（肉体、知性、感情、精神）をバランスよくリニューアルする習慣です。４つの側面のそれぞれをリニューアルすることによって、健全に成長し、人生に変化を起こせるようになります。人生にチャレンジし、自分をとりまく困難を乗り越える力をつけられるのです。自分をリニューアルしないでいると、成長が頭打ちになります。それどころか後戻りしてしまうかもしれません。何をするにも能率が悪くなり、困難を乗り越える力が伸び悩んでしまうのです。

あなたは今、「自分を磨く時間なんかあるわけない」と思っているかもしれません。では、自分を磨くことによって、どれだけ能率があがるか考えてみましょう。

刃のなまったノコギリで木を切るのにかかる時間――30分
ノコギリの刃をとぐのにかかる時間――５分
刃をといだノコギリで木を切るのにかかる時間――10分

ほら、15分も節約できるのです。え？ 木なんか切ったことない？ ではこれはどうでしょうか。

あなたは疲れ切っている。この状態で試験勉強を終わらせる時間――５時間
自分をリニューアルして元気と集中力をとりもどすのにかかる時間――30分
リフレッシュした気分で試験勉強を終わらせるのにかかる時間――３時間

すごい！ 1時間30分も節約できますよ！ これならわかりますよね？

次の質問に答えて、自分をどのようにリニューアルしているか確かめてください。

1 =まったくやらない　2 =ときどきやる　3 =いつもやっている

| | |
|---|---|
| 栄養のある食事をし、ジャンクフードは食べないようにしている。 | 1　2　3 |
| 定期的に運動している。 | 1　2　3 |
| 睡眠は十分にとっている。 | 1　2　3 |
| 自分の健康状態に注意している。 | 1　2　3 |
| リラックスする時間をとっている。 | 1　2　3 |
| ためになる本や雑誌、新聞を読んだり、ニュースを聞いたりしている。 | 1　2　3 |
| 良い音楽を聴く、あるいは演奏する。 | 1　2　3 |
| 文章を書く、あるいは絵を描く。 | 1　2　3 |
| 文化的なイベントに出かけたり、気持ちを鼓舞する映画やテレビの教育番組を見たりしている。 | 1　2　3 |
| 新しいスキルを習得し、自分の才能を伸ばす。 | 1　2　3 |
| 少なくとも1日に1回は爆笑する。 | 1　2　3 |
| 人間関係信頼口座に預け入れをする。 | 1　2　3 |
| 自分の才能を発揮する。 | 1　2　3 |
| 新しい人間関係を築く。 | 1　2　3 |
| 定期的に瞑想する、または精神統一する。 | 1　2　3 |
| 日記をつけている。 | 1　2　3 |
| 詩や小説など、精神を高揚させる文学を読む。 | 1　2　3 |
| 人生における自分の決断、自分がおかれている状況をじっくり考える。 | 1　2　3 |
| 散歩したり、景色を眺めたり、夕陽を見たりして楽しむ。 | 1　2　3 |

30日後にもう一度やってみましょう。違う色のペンでチェックマークを入れ、1回目と2回目がどう違うか比べてみてください。

## 95 バランスが肝心

「第７の習慣　自分を磨く」の目的は、より良い人生を送れるように、自分自身を日頃から研ぎ澄ますことです。何事にも自分のベストをつくすためには、４つの側面のどれにも気を配らなくてはなりません。バランスをとることが大切なのは、どれか１つの側面の状態がほかの３つの側面に影響するからです。考えてもみてください。車のタイヤの１本がバランスをくずしていたら、その１本だけでなく４本ともアンバランスな減り方をしていきます。ヘトヘトに疲れていたら（肉体）、人にやさしくする（感情）のは難しいものです。その逆も同じで、意欲にあふれ、気持ちが充実していれば（精神）勉強にも身が入るし（知性）、人にもやさしく（感情）できるのです。

４つの側面のそれぞれについて、あなたなりのリニューアルの方法を書いてください。

| 側面 | リニューアルの方法 |
| --- | --- |
| 肉体 | |
| 知性 | |
| 感情 | |
| 精神 | |

人は誰しも、肉体、知性、情緒、精神という４つの部屋のある家なのである。風を通すだけでもすべての部屋に毎日入らなければ、私たちは完全な個人とはなれない。
——ルーマー・ゴッデン

自分をリニューアルする新しい方法も考えてみてください。

| 側面 | リニューアルの方法 |
| --- | --- |
| 肉体 | |
| 知性 | |
| 感情 | |
| 精神 | |

## 96 オフの時間をとろう

車と同じように、人にも定期的な点検とオイル交換が必要です。休息して、活力を満タンにしなければならないのです。リラックスして緊張をほぐす時間をとることが大切です。少しだけ自分を甘やかして、自分をいたわる。それがまさに「自分を磨く」ことなのです。

**オフの時間にできることを 10 個挙げてください。**

1

2

3

4

5

6

7

8

9

10

あなたのなかには静寂と聖域がある。いつでもそこへ引っ込み、自分自身を取り戻せる。
――ヘルマン・ヘッセ

休息の時間をとれない人は、遅かれ早かれ病に対処する時間をとる羽目になる。
――ジョン・ワナメーカー

## 97 肉体の手入れをしよう

10代のうちは、声変わりし、ホルモンの分泌が盛んになり、身体のラインが変化して筋肉もついていきます。まるで肉体が生まれ変わるかのようです。
このように日々変化する肉体は、じつに見事なマシンなのです。そんなすばらしいマシンをていねいに扱うのも、乱暴に酷使するのもあなたしだい。自分で肉体をコントロールするのか、逆に肉体に自分がコントロールされるのか。あなたの肉体は道具なのであり、きちんと手入れすれば、あなたのためによく働いてくれるのです。

**あなたの肉体がきちんと手入れされているかどうか確かめてみましょう。普段から行っているものにチェックマークを入れてください。**

- ☐ 体の健康のことはよく知っているし、最新情報にも注意している。
- ☐ 少なくとも週３回は 20 ～ 30 分運動している。
- ☐ 果物、野菜、ビタミン、ミネラルが必要なことはよくわかっている。
- ☐ 筋力トレーニングの量を増やしている／維持している。
- ☐ 心肺機能や柔軟性を高めるための運動を取り入れている。
- ☐ 睡眠は十分にとっている。
- ☐ 体が必要としているときは休息したりリラックスしたりしている。
- ☐ ジャンクフードやファストフードは週２回以上食べない。
- ☐ ストレスには効果的に、前向きに対処している。

**肉体の手入れに関して、普段から意識していますか？ 自分がやってみたいと思っていることは何ですか？**

**栄養のことをもっと知りたいと思っていますか？ 具体的にはどんなことに関心がありますか？**

**健康についてもっと知りたいと思っていますか？ 具体的にはどんなことに関心がありますか？**

肉体の健康を保つには、健康について普段思っていることにとどまらず、もっと深く考えなければならない場合もあります。ベストの健康状態を保つことに苦労しているなら、184 ページのチェックリストを見直してください。チェックマークの入っていないものから始めてみるとよいでしょう。

## 98 食生活を振り返ろう

「第７の習慣　自分を磨く」のポイントの１つは、自分の健康に注意を払うことです。健康でなければ、何もできないのです。自分のベストを尽くすには、正しい燃料を供給しなければなりません。
あなたの食生活はどうでしょうか？
「何事もほどほどにしておくのがよい」と昔から言いますが、これは食生活にも、人生のさまざまな場面にも当てはまります。

自分の体の声に耳を傾けましょう。食べ物によって体調がどう変わってくるか注意し、そこでわかったことをもとに、自分の食生活の「すべきこと・すべきではないこと」を見きわめましょう。食べ物に対する体の反応は人それぞれです。たとえば、寝る前に食べすぎると眠れなくなり、朝起きて気分が優れないというような人もいます。
この食事日記に食べたものを１週間記録してください。

| | 食べたもの |
|---|---|
| 月 | |
| 火 | |
| 水 | |
| 木 | |
| 金 | |
| 土 | |
| 日 | |

**食べたものと気分の関係が見えてきましたか？**
**（この質問には１週間たってから答えてください）意外とバランスよく食べていましたか？ それとも思ったより不健康な食事だったでしょうか？**

**自分の食生活でどこを改善したいですか？**

運動量も体調の善し悪しに影響します。この運動日記に１週間、毎日の運動時間と内容を記録しましょう。

| | 時間 | 運動 |
|---|---|---|
| 月 | | |
| 火 | | |
| 水 | | |
| 木 | | |
| 金 | | |
| 土 | | |
| 日 | | |

## 99 問題は見た目ではなく、あなたの気持ち

体を鍛えようとするとき、外見をよくすることにこだわりすぎてはいけません。あなたもたぶん気づいていると思いますが、私たちの社会は「見た目」重視です。雑誌の表紙を飾るのは「パーフェクト」な人たちばかり。これでは、あなたが自分の体にコンプレックスを感じたとしても無理はありません。

ファッション雑誌に登場するモデルたちと自分を比べて、自分の外見がいやでいやでたまらなくなる前に、どうか思い出してください。高い頬骨や割れた腹筋がなくとも、健康で幸せなティーンは大勢いるのです。顔やスタイルがさえなくても、成功したミュージシャンやトークショーの司会者、ダンサー、スポーツ選手、俳優も大勢います。

大切なのは外見ではありません。体調がよくて気分よくすごせるかどうかなのです。

### 個性的な人の写真を貼ろう

雑誌の表紙で見るモデルの姿をそのまま信じて、顔もスタイルもよくなければ人気者にはなれない、などと思い込んでいませんか？ そんなはずはありません！ ためしに、健康で「ごく普通の外見」の有名人を３人、雑誌で見つけて切り抜き、下に貼りつけましょう。

前のページに貼った写真のなかから１人選んでください。その人は誰ですか？ その人はどのような個性のおかげで人気を集めているのですか？

あなたは自分をどう思っていますか？

その気持ちは健全でしょうか、不健全でしょうか？ なぜそう思うのですか？

不健全なら、どうすればその気持ちを変えられるでしょうか？

## 100 中毒にならないで

体をいたわる方法がある反面、体を壊す方法もあります。アルコール、ドラッグ、タバコというような中毒性のある物質がその代表です。たとえばアルコールは、アメリカの 10 代の若者の 3 大死因（自動車事故、自殺、殺人）に関係していることが少なくありません。タバコは肺がんや呼吸器疾患の原因になると言われていますが、それだけでなく、目のにごり、肌の老化、歯の黄ばみ、歯茎の後退、肌の変色を引き起こすことが実証されていますし､虫歯は喫煙しない人より 3 倍も多いと言われています。常習や中毒で最悪なのは、自分の手に負えなくなることでしょう。中毒なんて自分には関係ない、いつでもやめられるとあなたは思っているかもしれませんが、現実はそう甘くはありません。統計では10代の喫煙者で禁煙に成功するのは25%にとどまっています。

**断ち切りたいと思っている中毒性の悪習はありますか？ それは何ですか？**

あなたはアルコールとその危険性をどのくらいわかっているでしょうか？ 次の文を読み、「正しい」か「間違い」か答えてください。全部にチェックマークを入れたら正解を確認しましょう。

| | | 正しい | 間違い |
|---|---|---|---|
| 1 | ほとんどのティーンエージャーは飲酒している。 | | |
| 2 | ビールとワインはウイスキーなどの蒸留酒より「安全」だ。 | | |
| 3 | 自分がしらふでいれば、飲酒している人たちのそばにいても危ない目にはあわない。 | | |
| 4 | アルコールは飲みすぎても危険ではない。 | | |
| 5 | アルコールは体に悪い。 | | |
| 6 | アルコールは脳に悪い。 | | |
| 7 | 飲酒すると魅力的になる。 | | |
| 8 | アルコールをすすめられて断ったら、関係がまずくなる。 | | |
| 9 | 飲酒は週末にすればいい。それなら学業に影響しない。 | | |
| 10 | 未成年がアルコールを買ったり、所持していたりするのは法律違反である。 | | |
| 11 | どのみち、すべてのティーンエージャーが10代のうちに飲酒する。 | | |
| 12 | アルコールとドラッグを混ぜても関係ない。 | | |

**正解**

1. **間違い** ティーンエージャーの大多数は飲酒していません。
2. **間違い** ビール 1 缶に含まれるアルコールの量は、ワインやワインクーラー、蒸留酒 1 杯分とほぼ同じです。
3. **間違い** 飲酒している人のそばにいると、暴力をふるわれたり、自動車事故に巻き込まれたりするリスクが高くなります。
4. **間違い** アルコールの過剰摂取は、こん睡を引き起こす危険があります。最悪の場合は死に至ります。
5. **正しい** アルコールは体内のあらゆる臓器に悪影響を及ぼします。アルコールは血流に直接入るので、さまざまな重い疾患のリスクを上げます。
6. **正しい** 飲酒すると脳と中枢神経の働きが遅くなるので、判断力が鈍くなり、反射的に動けなくなります。視野がゆがんだり、記憶がなくなったり、失神したりすることもあります。
7. **間違い** 飲酒は肥満の原因になります。息も臭くなります。
8. **間違い** 良い友だち同士なら、そんな心配はいりません。10 代の若者のほとんどは飲酒しませんから、意外とすんなり断れるものです。「僕はいいよ」とか「飲めないから」とか「お酒には興味がないから」というように言えば、何の問題もありません。
9. **間違い** アルコール、そのほかの常習性物質を摂取する高校生は、摂取しない高校生よりも中退者が 5 倍になります。また、良い成績をとっても意味はないと考える傾向にあります。
10. **正しい**
11. **間違い** 未成年者の飲酒は深刻な問題ですが、調査によると 12 歳から 17 歳までの若者の 84%は、過去 1 カ月間に飲酒していないと答えています。
12. **間違い** アルコールにドラッグや医薬品を混ぜるときわめて危険です。死亡することもあります。

(米国保健社会福祉省より引用)

## 101 知性の手入れをしよう

4つの側面のうち知的側面のリニューアルは、学校の授業、部活などの課外活動、趣味、バイト、ほかにもさまざまな知性を広げる体験を通して頭脳パワーを開発します。卒業証書をもらえるように頑張ることが大切なのは言うまでもありませんが、豊かな知性は壁に飾る卒業証書よりもずっと価値があるのです。訓練を積んだバレリーナに例えることができるでしょう。バレリーナは筋肉のすみずみまで完璧にコントロールしています。

自分の意のままに身体を曲げ、ひねり、跳躍し、ターンできるのです。同じように知性を磨き、豊かにはぐくめば、集中し、統合し、書き、話し、創作し、分析し、探究し、想像することができます。ほかにももっと多くのことができるのです。しかしそうなるためには訓練しなければなりません。偶然にそうなることはありません。ただ待っていてはだめなのです。

現代の社会では、知性を常に研ぎすませていないと、大きく遅れをとり、大変なことになります。知的な刺激はいろいろなものから得られます。小説、芸術、教育番組、パズル、ゲームなど、あなたの知性を育てるのに大いに役立つものはたくさんあります。

次の質問に答えてください。

1＝まったく当てはまらない　2＝少し当てはまる　3＝そのとおり

| | |
|---|---|
| 新聞を毎日読む。 | 1　2　3 |
| 日記やそれに類する記録をつけている。あるいは定期的に文章を書いている。 | 1　2　3 |
| さまざまな文化、歴史的に重要な場所を見学に行く。 | 1　2　3 |
| ディスカバリーチャンネルなどの教養番組を楽しむ。 | 1　2　3 |
| ラジオやテレビ、インターネットで毎日ニュースを聞いたり見たりしている。 | 1　2　3 |
| 頭をすっきりさせ、リラックスし、思考するための静かな時間をとる。 | 1　2　3 |
| 家族のルーツや歴史を調べたことがある。 | 1　2　3 |
| 誌、歌、物語を創作したことがある。 | 1　2　3 |
| 難しいカードゲームやボードゲームを楽しむ。 | 1　2　3 |
| ディベート部に入っていたことがある。 | 1　2　3 |

| | |
|---|---|
| 博物館に行く。 | 1　2　3 |
| 演劇、バレエ、オペラ、オーケストラなどの文化イベントに行く。 | 1　2　3 |
| 楽器を演奏する。 | 1　2　3 |
| クロスワードパズルが好き。 | 1　2　3 |
| 友だちと刺激的で充実した会話をする。 | 1　2　3 |
| 学校の課題の調べものにインターネットを使う。 | 1　2　3 |
| コンピューターを使える。 | 1　2　3 |
| レシピを見ながらおいしい料理をつくれる。 | 1　2　3 |
| 自動車のメンテナンスや修理について少しは知識がある。 | 1　2　3 |
| 図書館の貸し出しカードを持っている。 | 1　2　3 |
| 宿題は手を抜かずにやる。 | 1　2　3 |
| 進学の計画を立てている。 | 1　2　3 |
| 学校で外国語の授業を受けている。 | 1　2　3 |
| 読書が好き。 | 1　2　3 |

合計点を出してみましょう。
55点以上――あなたはすばらしい頭脳パワーの持ち主！
41～55点――あなたの頭脳パワーは十分に磨かれています。
40点以下――もっと知性を磨くことを意識しましょう。

90日後にもう一度チェックします。違う色のペンで記入し、1回目と比較してみましょう。

脳みそをひっぱり出して、その上で飛び跳ねなさい。そうしないと凝り固まってしまうから。
――マーク・トウェイン

## 102 知性を磨く

知性を磨き、研ぎすます方法は、それこそ数えきれないほどあります。でも一番簡単ですぐにもできるのは、やはり読書。本を読みましょう。読書は知性の土台です。あなたがすでに読書家なら、読書以外に知性を磨く方法をいくつか紹介しておきましょう。

- 新聞を毎日読む（全国紙、地方紙、学校新聞）
- 何か興味のある分野の講座に通う。
- テレビの教養番組を見る。
- 地元の政治に関心を持ち、ボランティア活動をする。

**知性を磨くためにどのようなことをしていますか？**

**今週、今まで知らなかったけれど学んだことは何ですか？**

世界のことを学び続けなさい。知性をめいっぱい働かせなさい。人生はあっというう間にすぎていき、終わりに近づくにつれて時の経つスピードは増していく。まるで下り坂を走る貨物列車のように。知識を得るほどに、あなたは豊かになる。そしてほかの人たちも豊かにすることができる。　——スーザン・トロット

**最近読んだ本は何ですか？ いつ読んだのですか？**

最初の章で、学校中心の生活に偏りすぎないように、ということを学びましたね。知性の手入れをするときも、そのことを忘れないでください。もちろん、中退なんてもってのほか。将来の進学のこともありますから、成績は大切です。しかし、良い成績をとることだけが将来につながるのではありません。学校で学べることはほかにもたくさんあるのです。
大学で何を学ぼうかと、今から悩んで不安になる必要はありません。考える力を養い、いろいろな活動に積極的に取り組んでいれば、学業でもキャリアでも、おのずとたくさんの選択肢があらわれるはずです。

**あなたが将来やってみたいと思う仕事は何ですか？**

**それが本当にやりたい仕事なのかどうかを見きわめるために、今何をしていますか？**

## 103 心の手入れをしよう

やる気満々かと思ったら、何かをきっかけに気分はどん底。あなたもきっと、まるでジェットコースターに乗っているかのような気持ちの浮き沈みを経験していることでしょう。人の心はとても気まぐれなもの。だからこそ体と同じように、たえず栄養を与え、手入れしなくてはならないのです。

心を養う一番の方法は、自分自身との関係を良くし、そしてほかの人たちとの関係を養うことです。自分との関係が良くなれば、人との関係も良くなり、逆に人との関係が良くなれば、自分との関係も良くなります。このようにして健全な心ができていきます。人生に対してこのような態度を持てば、驚くほどの幸福感に包まれ、まわりの人たちも明るくしてあげられるのです。
自分との関係にしろ、他者との関係にしろ、意識して努力し、築いていかなくてはならないものなのです。すべての関係は銀行口座と同じ。そこに何を預け入れるかによって、関係の質は変わります。

友だちと良い関係を保つのは、心の手入れには不可欠です。ただし、友だち中心に偏りすぎていると、自分に対する気持ちが友だちの影響でどうとでも変わってしまい、感情のジェットコースターに振り回される毎日になってしまいます。

**誰との関係をもっと良くできると思いますか？**

**関係を壊すのではなく、築くことによって得られる利点は何だと思いますか？**

**あなたに当てはまるものにチェックマークを入れてください。**

- □ 私は頼りがいのある人間だ。
- □ 私は人生に希望を持っている。
- □ 私は身近な人たちを信頼し、彼らに対して協力的である。
- □ 私は人の話を聞くとき、どう答えようか考えながらではなく、相手が本当に言いたいことに真剣に耳を傾けている。
- □ 私は困っている人に手をさしのべる。
- □ 私は自分にとって一番大切な人間関係を維持している。
- □ 私は自分が謝らなければならないときは心から謝る。
- □ 私は「つらいこと」を乗り越えられる。
- □ 私は自分をいたわるとはどういう意味なのかわかっている。
- □ 私は自分の衝動をおさえられる。そのときの感情にまかせて反応せず、冷静になれる。

あなたが「心の手入れ」をうまくできずにいるなら、このリストを見直して、チェックマークの入っていないものから取り組んでみましょう。

## 104 あなたは乗り越えられる

人生という山あり谷ありの道のりの途上では、絶望感を味わうこともあります。ひどく落ち込み、プレッシャーに押しつぶされそうになったときは、次のことを試してみてください。

1. **深呼吸する。**意識を集中させて呼吸すると、ストレスに対する体の反応をやわらげられます。舌を歯茎につけて、鼻から空気を吸い込みます。おなかがふくらむまでたくさん吸い込みましょう。次に、鼻か口からゆっくりと吐き出します。これを少なくとも3回繰り返します。すると緊張がほぐれ、気持ちが落ち着いてきます。

2. **視野をチェックする。**「この問題を1カ月後、1年後も悩んでいるだろうか？」と自分に問いかけてみてください。もしそうなら、何とかして解決しなければなりません。ふっとストレスが消え、悩んでいる自分がばかばかしく思えたなら、思いっきり笑い飛ばしましょう。

3. **反応を選択する。**その場にふさわしい感情を選んで、その気持ちを表に出しましょう。怒り、勇気、ユーモア、同情心、悲しみ。自分をコントロールでき、その状況をやわらげられるなら、どんな感情でもかまいません。
誰でも落ち込むことはあります。ごく普通のことです。でも気分が落ち込むのと、うつ状態が続くのとはまったく違います。
もしあなたが自殺を考えているなら、どうか命を大切にしてください。あなたは乗り越えられます。うつ状態は治療できます。相談した相手が真剣に話を聞いてくれないなら、力になってくれる人に話してください。あなたのことを本当に考えて、支えてくれる人は必ずいます。

**あなたはどのような場合に気分が落ち込みますか？**

**その暗い気分からどうやって抜け出すのですか？（あなたのとる行動を書いてください。）**

**相談できる人はいますか? それは誰ですか? また、なぜその人に相談するのですか?**

**その人はどのようにしてあなたの話を聞くのですか？**

## 105 泣くのはいやだ、笑っちゃおう

心をすこやかに強く保つには、つまるところ、笑うこと！ そう、よく笑えばいいのです（と言ったのはメアリー・ポピンズでしたよね？）。

幼稚園児は1日に300回も笑うそうです。知っていました？ それにひきかえ大人は1日に17回。あなたは1日に何回笑いますか？ 300回？ それともたったの17回？

笑いほどふたり人間の距離を短くするものはない。 ——ビクター・ボーゲ

笑いが健康を増進し、病気の回復を早めることも科学的に証明されています。笑いは心だけでなく体にも効き目があるのです。

最近あまり笑っていないなら、笑うために行動を起こしましょう。たとえば「笑いのコレクション」づくりはどうでしょうか？ 笑える本や映画、マンガ、ジョークを集めるのです。人をバカにするような笑いだけはダメ。あなたがおかしなハプニングに見舞われたり、バカバカしいことをやってしまったりしたら、自分を笑い飛ばせるよ

うになりましょう。

いつも思わず笑ってしまうのはどんなことですか？

お気に入りのコメディ映画やテレビ番組、漫画を3本挙げてください。

1

2

3

爆笑してしまう映画やテレビドラマのセリフは？

あなたの好きなお笑い芸人は？

**今日は何で笑いましたか？**

## 106 精神の手入れをしよう

精神はあなたの中心、あなたの核です。精神には、あなたの深い価値観と確信が宿っています。生きる目的や意味、内面の平穏の源です。精神的側面を磨くというのは、自分の内面を自覚し、リニューアルする時間をとることです。

何年もソフトドリンクとチョコレートしか食べないでいたら、どうなると思いますか？ どんな外見になるでしょうか？ どんな気分になるでしょうか？ 想像はつきますよね。精神も同じです。精神に何年もそんなものばかり与えていたらどうなるか、結果は目に見えていますね。何を食べるかだけでなく、何を聞き、何を読み、何を見るか。体が吸収するものが大切なのは当然ですが、精神が吸収するものも同じように大切なのです。

あなたの精神はあなただけのもの。あなたはその自分だけの場所に、いろいろな方法で栄養を供給できるのです。たとえば――

- 静かに内省する。
- 精神を豊かにするような音楽を聴く。
- ほかの人々のために奉仕する。
- 祈る。
- 自然に接する。

**あなたはどのようにして精神を養っていますか？**

**それ以外にもこれからやってみたいことは何ですか？**

**精神に良いものを与えていますか？ ジャンクフードみたいなものだと思いながら、与えてしまっているものはありますか？ それは何ですか？**

精神に何を与えるか、それはあなたが決めることです。世の中に決めさせてはいけません。メディアには良い面と悪い面があることを知りましょう。

**あなたの精神はどのようなメディアにさらされていますか？ 自分はどのようなメディアに影響を受けていると思いますか？**

**あなたの気分が悪くなるようなメディアは何ですか？ また、なぜ気分が悪くなるのですか？**

**精神の手入れは行き届いていますか？ あなたに当てはまるものにチェックマークを入れてください。**

- [ ] 自分の価値観を知っていて、それに従って生活している。
- [ ] すでにミッション・ステートメントを作成していて、それを指針にして人生の目的を思い描いている。
- [ ] 内省や祈り、学習、反省をして、毎日自分をリニューアルしている。
- [ ] 自然のなかや教会、お寺など、精神統一をして、リフレッシュできる場所によく行く。
- [ ] 誠実に、プライドを持って生きている。
- [ ] 真実に対して常に心を開いている。
- [ ] まわりの人たちは反対していても、信念や真実をまげるようなことは言わない。
- [ ] 見返りを期待せずに人のために行動することがよくある。
- [ ] 人生において自分に変えられること、変えられないことをみきわめている。自分には変えられないものについてはくよくよ考えない。

## 107 自然と触れ合う

自然には魔法のような力があります。山や川、海辺から遠く離れた都会に住んでいるとしても、歩いていける距離に緑豊かな公園はあるはずです。自然に触れるのは、精神にとってすばらしい栄養になるのです。

**今週、自然と触れ合うためにできることを次のなかから１つか２つ選んでください。**

- 花、野菜、ハーブなどを植える。
- 今週は毎日花壇や家庭菜園の雑草を抜く。
- 今週は１回、芝生に水やりをするか芝刈りをする。
- 日没と日の出を見て、違いを知る。
- 次の満月の日をカレンダーで調べる。それを眺める時間をつくる。
- 三日月や満月など月のさまざまな相を観察し、日によって見え方の違いを知る。
- 近所を散歩する。目にする木々や鳥、花々、虫の種類を知る。
- 動物園に行く。2 種類の動物を選んで、それぞれ 15 分間観察し、違いを知る。
- 川と湖を比べ、違いを知る。
- 水の状態を観察する（氷や雲など)。自分の住む地域でいろいろな例を探してみよう。
- 近くの丘や山に登り、動植物の生息地を調べる。

**あなたが選んだ活動は何ですか？**

**自然と触れ合ってみて、どんな気分でしたか？ 実感したことを書いてください。**

## 108 バランスから始めよう

自分を磨くことを学んできて、あなたは今こう思っているかもしれません。「冗談じゃないよ。どこにそんな時間ある？ 昼間は学校、放課後は部活、夜は勉強しなくちゃいけないんだ」と。でも、人生にはいろいろなときがあります。バランスのとれるとき、とれないとき。ろくに睡眠をとれないとき、ジャンクフードを食べすぎてしまうとき、ほかのことはさておいて勉強しなければならないときもありますよね。リニューアルのときだってあるべきです。

長いこと自分を酷使すると、考えがまとまらなくなり、怒りっぽくなり、視野がせまくなります。友情をはぐくんだり、運動したり、静かに内省したりする時間なんかないと言っているヒマはないのです。そんなことでは自分で自分を追い込むことになります。

**最近、生活のバランスがくずれていませんか？ くずれているなら、なぜですか？**

> あらゆる物事の成功のカギを握っているのはバランスである。頭、身体、精神のどれ１つとしてないがしろにしてはいけない。どれにも等しく時間と労力をかける。それは人にできる最高の投資だ。自分自身のためだけでなく、その後に続くものにとっても。
> ――タニア・ホェウエイ

**どうすればバランスとれた生活を取り戻せるでしょうか？**

このワークブックをやれば、知らず知らずのうちに、バランスのとれた人生を創造していく力がついていくはずです。いろいろなエクササイズ、「最初の一歩」をやり、肉体、知性、感情、精神のそれぞれに栄養を与える時間をとってください！ 頑張って！

## 109 最初の一歩

リストのなかから１つか２つできそうなものを選んでください。実際にやってみた感想を誰かに話すか、学んだことや気づいたことを書いてみましょう。

**肉体**

**1** 朝ごはんを抜いたりせず、しっかり食べよう。

**2** 今日からトレーニングを始め、30日間続けよう。ウォーキング、ランニング、水泳、自転車、ローラーブレード、ウェイトリフティングなど、あなたが楽しめるものを選ぼう。

**3** 今日から１週間、悪い習慣をやめよう。ジャンクフード、炭酸飲料、揚げ物、ドーナッツ、チョコレートなど、体に悪そうなものを食べたり飲んだりしない。１週間後、どんな気分になっているだろうか？

## 知性

4 教育的な価値の高い雑誌（『ナショナル・ジオグラフィック』など）の定期購読を申し込もう。

5 新聞を毎日読む。一面のトップニュースと論説記事は必ず目を通そう。

6 今度デートするときは、美術館に行くとか、一度も入ったことのないエスニックレストランで食事するなど、視野を広げよう。

## 情緒

7 親や弟など家族の誰かと２人で出かけてみよう。スポーツ観戦、映画、ショッピング、何でもいいから２人だけの外出を楽しんでみる。

8 今日から「笑いのコレクション」づくりを始めよう。好きなマンガを切り抜いたり、コメディ映画のDVDを買ったり、爆笑もののジョークを集めたり。ストレスを感じたときは、このコレクションが頼りになる。

## 精神

9 今日の日没を見よう。あるいは明日の朝、早起きして日の出を見よう。

10 日記をつけていないなら、今日から始めてみよう。

11 毎日、静かに内省して１日を振り返る時間を持とう。

# 最初の一歩

## 学習日記

「最初の一歩」のなかで挑戦してみたこと、学んだことを書いてみよう。

# 希望を持ち続けよう
# あなたも山を動かせる

## 110 身につけたい習慣を書こう

あなたが10代というジャングルを生き抜き、成功に向かって希望を持ってほしいと願って、このワークブックを書きました。乱気流さながらの時代をたくましく生きていくための力になれば幸いです。希望というのは、前進し続け、悪習や不健全な人間関係を断ち切り、生涯にわたる効果的な習慣を身につけ、バランスのとれた生活を送ること。無理なことではありませんよね？

『7つの習慣 ティーンズ　リニューアル版』を読み、このワークブックをやり終えても、自分の生活のなかで具体的にどう実践すればよいのかわからないなら、「最初の一歩」から始めてみましょう。ワークブックを読み返してみて、「10代という厳しい時期をしっかりと生きていくために、どんな習慣を身につければよいのだろう？」と考えてみてください。

**あなたが身につけたいと思う習慣を書いてください。**

1

2

3

だから、一足、一足、まちがいなく歩いていくこと。用心して、機転をきかして、一歩をふみだすこと。覚えておいてほしいのは、人生ってのはつなわたりだってことですよ。
それで、きみは成功するのかって？ もちろん、しますよ。そりゃもうぜったい！
(98と3/4パーセント保証します)
――ドクター・スース著『きみの行く道』(訳・伊東比呂美)

これらの習慣に取り組み始めたら、ほんの少しの生活の変化で自分の内面に驚くほどの変化を感じるはずです。自分に自信が持てるようになり、幸せな気分ですごせるようになるでしょう。高揚感が自然とわいてくるのです。そうしたら、次に進みましょう。
これらの習慣をしっかりと身につける一番の方法は、記憶が新しいうちに、自分の体験を誰かに話すことです。

やる気をなくし、途中で挫折しそうになったら、少し調整するだけで大きな成果に結びつくことを思い出してください。希望を持ち続けましょう！
最高の結果に向かって進んでください。あなたならできるはず。『7つの習慣 ティーンズ　リニューアル版』にある次の名言を胸に刻んでおいてください。

座ったままでは、時という砂に足跡を刻むことはできない。
それに、誰だって時という砂に自分のしりもちの跡を残したいとは思わないよ。
——ボブ・モーワッド

**ワークブックの締めくくりに、あなた自身の名言を書いてみましょう。旅は、始まったばかりです。**

## 111 最初の一歩

リストのなかから1つか2つできそうなものを選んでください。実際にやってみた感想を誰かに話すか、学んだことや気づいたことを書いてみましょう。

1 心の奥深くにある気持ち、夢、希望、目標を日記につけよう。

2 このワークブックを読み返して、記入した答えをどう思うか自分に問いかけてみよう。自分の人生をじっくりと見直してみる。自分がいたいと思う場所にいるだろうか？ 到達したいと思う場所に通じている道を歩んでいるだろうか？

3 弱気になったときに、気持ちを奮い立たせてくれる名言を暗記しよう。

4 希望を持ち続ける！ あなたのまわりの人たちも希望を持ち続けられるように力になろう。

最初の
一歩

## 学習日記

「最初の一歩」のなかで挑戦してみたこと、学んだことを書いてみよう。

## フランクリン・コヴィー社について

フランクリン・コヴィー社は、戦略実行、顧客ロイヤリティ、リーダーシップ、個人の効果性の分野において、コンサルティングおよびトレーニング・サービスを提供するグローバル・カンパニーです。顧客には、米国の『フォーチュン』誌が指定する最優良企業上位100社のうち90社、同じく500社の4分の3以上が名を連ねるほか、多数の中小企業や政府機関、教育機関も含まれています。フランクリン・コヴィー社は、世界46都市に展開するオフィスを通して、147カ国でプロフェッショナル・サービスを提供しております。

トレーニング提供分野：

- リーダーシップ
- 戦略実行
- 知的生産性
- 信頼
- 営業パフォーマンス
- 顧客ロイヤルティ
- 教育

詳しくは、弊社Ｗｅｂサイト（www.franklincovey.co.jp）をご覧ください。

### リーダー・イン・ミーとは

リーダー・イン・ミーは、教育者たちと協力して開発された、21世紀に生きる子どもたちのために必要とされる学校変革プログラムです。すべての子どもは独自の強みを持ち、リーダーになる可能性を秘めているということを大前提にして設計されています。

実践しやすいよう設計されたプログラムによって、「リーダーシップの発揮」「文化の創造」「学力向上」という3つの課題解決すべてに効果的です。

**児童（生徒）が主体となって学校文化を築きます**

**主体な学びによって学力を向上させます**

**「7つの習慣」に基づいて、子どもたちのリーダーシップを育みます**

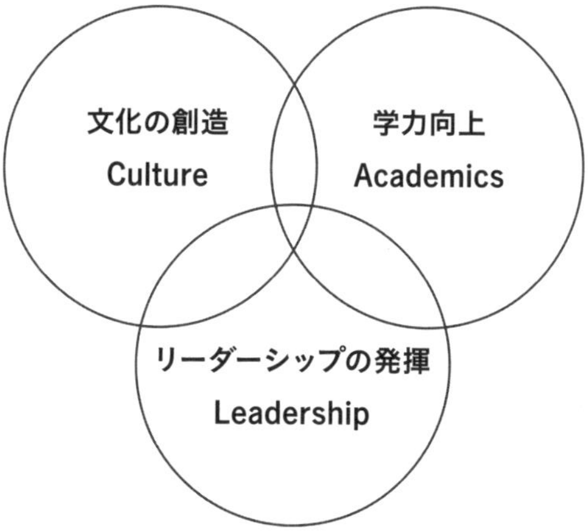

# 7つの習慣 ティーンズワークブック

2015年7月31日　初版第一刷発行
2022年4月8日　初版第二刷発行

著　者　ショーン・コヴィー
訳　者　フランクリン・コヴィー・ジャパン
発行者　石川淳悦
発行所　株式会社 FCE パブリッシング
キングベアー出版
〒163-0810
東京都新宿区西新宿 2-4-1 新宿 NS ビル 10F
Tel：03-3264-7403
Url：https://fce-publishing.co.jp/

印刷・製本　大日本印刷株式会社
ISBN 978-4-86394-038-3